감
感
이
온
다

# 감이온다

感

잘되는
나를 만드는
은밀한 힘

한상복 지음

위즈덤하우스

# 느낌이라는
# 삶의 안테나

:

텔레비전의 한 교양 프로그램에서 고양이의 뛰어난 균형 감각이 어디서 나오는지 알아보기 위해 실험을 했다. 제작진은 먼저, 고양이의 긴 꼬리에 주목했다. '꼬리를 이리저리 움직여 무게중심을 잡을 가능성이 높다'는 추론에서였다.

실험을 위해 꼬리를 동여맨 뒤, 녀석을 좁은 담 위에 올려놓아보았다. 하지만 고양이는 큰 불편 없이 담 위를 움직였다. 다음은 눈. 하지만 눈을 가리고 담 위에 올려둔 실험 결과도 마찬가지였다. 고양이는 눈이 보이지 않는데도 주춤대거나 발을 헛딛지 않았다.

마지막 시도는 엉뚱하게도 수염이었다. 수염을 접착테이프로 고정시킨 뒤 고양이를 담 위에 올려주었다. 그러자 예상 밖의 확연한 변화가 나타났다. 고양이가 웅크린 채 꼼짝도 하지 않는 것이었다. 제작진이 고양이를 안아 바닥에 내려주었으나 겁에 질린 것처럼 여전히 미동도 하지 않았다.

어떻게 된 일일까? 바로 감각을 상실했기 때문이다. 수염은 고양이의 가장 중요한 감각기관이다. 그런데 수염이 접착테이프에 붙는 바람에 고양이는 감각을 잃었고, 난생처음 겪는 혼란에 어찌해야 할지 모른 채 납작 엎드린 것이다.

수염은 고양이의 신경계와 밀접하게 연결된 일종의 '안테나'다. 고양이 수염은 예민해서 공기중의 미세한 진동까지 감지할 수 있고, 칠흑 같은 어둠 속에서도 공간 감각을 갖게 해준다. 아슬아슬한 곳에서 움직이도록 도와주는 균형감각의 원천이기도 하다. 심지어는 감정까지 수염으로 표현한다. 호기심이 생기거나 사냥을 할 때에는 수염이 앞쪽을 향하며, 나른하거나 만족스러울 때는 아래로 처진다.

## 고양이에게는 수염이,
## 우리에게는 느낌이

———

고양이의 수염처럼, 우리에게 '안테나' 역할을 해주는 게 느낌이다. 느낌은 우리를 어딘가로 이끌며, 결정을 내릴 때는 특별한 사인을 보내준다. 그리고 느낌이 전해주는 메시지를 잘 알아듣는 사람더러 '감이 좋다'고 한다.

감이 좋은 사람에도 여러 부류가 있다. 남들에 대한 감이 유난히 좋아 소통과 신뢰를 잘 형성함으로써 관계 맺기에 탁월한 사람이 있고, 상황에 대한 감이 탁월해 트렌드나 조직 분위기를 잘 읽는 이도 있다. 감을 내면으로 발휘해 영감을 창조로 연결시키는 데 두각을 나타내는 사람도 있다.

누구에게나 나름의 감이 있다. 아침에 집을 나와 지하철역으로 향하다가 뭔가 찜찜한 느낌에 확인해보니 깜빡하고 지갑을 두고 온 것이라면 꽤 좋은 감을 발휘한 것이다.

느낌 안테나는 조명 스위치를 켜놓을 때 더욱 효과적으로 작동한다. '지식'과 '정보'라는 간접조명이 느낌의 주변을 더욱 환하게 밝혀준다. 공부든 취업이든 결혼이든, 많이 아는 사람이 그렇지 못한 사람에 비해 더 나은 조건에서 감을 발휘할 수 있다.

감은 콕 찍어 말로 표현하기 어려울 때가 많다. 그럼에도 감을 제대로 잡으면 전에는 상상하지 못했던 신세계를 만나게 된다. 어렵던 영어단어들이 일목요연하게 정리되고, 껄끄럽던 상사와의 관계가 술술 풀리며, 날아오는 야구공이 말 그대로 수박만 하게 보인다. 이런 감에 경험까지 쌓이면 자기 분야의 '달인'이 된다.

감도 훈련을 통해 계발이 가능하다. 낯선 느낌이 두근거림과 함게 전해진다면 하던 일을 잠시 멈추고 그게 과연 무엇인지, 느낌에 집중해볼 필요가 있다. 삶의 방향을 바꿔줄 중대한 계기가 마음의 문을 두드리는 소리일 수도 있다. 고양이에게 수염이 있는 것처럼 우리에게는 느낌이 있다. 그리고 우리의 삶은 수많은 느낌과 그에 따른 반응, 선택에 의해 갈린다.

> 느낌은 생각이 되고 생각은 말이 되며, 말은 행동이 되고
> 행동은 습관이 되며, 습관은 품성이 되고 품성은 운명이 된다. _미상

그런데 지금, 우리에게 왜 감이 중요할까? 우리의 삶은 갈수록 팍팍해지고 있으며, 많은 이들이 힘든 삶을 살아가고 있다. 현실에 대한 한국인의 태도를 빅 데이터로 분석한 결과, '답이 없다'는 한마디로 요약된다. 그럼에도 우리는 지금 이 순간을 살아가야 하고, 삶을 영위하기 위해서는 매순간 선택 앞에 놓인다. 여유가 주어질 때도 있지만 지금 당장 최선의 결정을 내려야 할 때도 있다.

한데 오래 고민할 겨를 없이 다급한 상황에서도 스마트하게 결정을 내리는 사람들을 볼 수 있다. 즉흥적인 것 같으나 최적의 판단이었음이 드러날 때, 우리는 그 사람을 두고 운이 좋거나 감이 뛰어나다고 말한다. 물론 둘 다일 수도 있다. 그런데 이를 단지 '운빨'로만 치부할 수 없는 것은, 위험이 임박했을 때 그런 이들의 감이 더욱 강력하게 반응하기 때문이다.

우리는 대부분 '이성적인 사람'이라는 인정을 받고 싶어한다. 이 사회에서는 이성적인 사람이 뛰어나게 여겨지기 때문이다. 하지만 이제는 이성적인 것만으로는 부족하다.

그동안 비과학적으로 여겨졌던 감이나 느낌이 최근 들어 사회적 능력으로 각광을 받는 추세다. 세계적인 헤드헌팅회사인 크리스천 앤드팀버스가 경영자들을 상대로 분석한 결과, 절반에 가까운 45퍼센트가 "사업을 하면서 중요한 결정을 내릴 때는 사실과 수치보다 직관에 의존한다"고 응답했다. 과거에는 한정된 정보를 독점한 이가 유리한 고지를 점할 수 있었으나, 21세기 들어서는 넘쳐나는 정보의 홍수 속에서 '남다른 찰나의 선택'을 하는 이가 흐름을 주도하게 되었다.

탁월한 느낌과 감은, 남들이 범접할 수 없는 '나만의 신비로운 경쟁력'이 되어주기도 한다. 누구나 이런 자질을 갖고 있다. 다만 강력한 6기통 엔진을 가지고 있음에도 불구하고 6개의 실린더를 제대로 활용하는 이가 있는 반면, 하나조차 제대로 다루지 못하는 사람이 있을 뿐이다.

이 책에서는 감이 좋은 사람들이 어떻게 탁월한 감각을 발휘해 일상을 만족과 성취감으로 채워가는지를 다루고 있다. 대부분은 주변에서 흔히 볼 수 있는 평범한 사람들 이야기다. 그들이 일상에서 특유의 느낌 안테나를 어떻게 닦고 개선하는지도 정리해보았다.

따지고 분석하는 것은 나중으로 미루고, 일단 이 책을 따라서 걸음을 옮겨보기 바란다. 이 책에 나와 있는 행동이나 패턴들을 따라 하다 보면 인식하지 못하는 사이에 기분이 바뀌어 있을 것이다. 여기서 제시하는 것들은 누구나 쉽게 할 수 있는 것들이다. 아마도 휴대폰 화면에서 눈을 들어 마주 앉은 상대를 바라보는 것 정도가 가장 어려운 수준일 것이다.

차
례

# 1부

# 감을
# 잡아야

# 이긴다

# 성공하는 감과
# 실패하는 감은
# 어떻게 다른가

손을 씻는 것만으로 병균 감염을 막을 수 있다는 게 지금은 상식이지만, 150년 전만 해도 전문가인 의사들조차 이 사실을 알지 못했다. 1840년대 말, 헝가리 출신 의사 제멜바이스는 빈의 병원에서 근무하다가 묘한 점을 발견했다. 병원은 두 개 병동의 분만실을 운영하고 있었는데, 의사들이 담당하는 1병동의 산모 사망률이 조산사 중심의 2병동보다 항상 높다는 점이었다. 실제로 분석을 해봤더니 5년 동안 1병동 산모의 사망률은 9.9퍼센트였으나, 2병동 산모의 사망률은 3.4퍼센트에 그쳤다.

제멜바이스는 의사들이 다른 환자를 돌보거나 사체를 검안하다가 급히 분만실로 불려 들어가는 점에 주목했다. 그는 의사들에게 "분만실에 들어갈 때는 장비와 손을 씻으라"고 주문했다. 그 결과, 1병동 산모의 사망률을 18퍼센트에서 1퍼센트까지 줄일 수 있었다. 하지만 그의 노력은 이내 의사들의 반발에 부딪혔다. 권위 있는 몇몇 의사가 '손과 수술복에 묻은 피야말로 우리 명예의 상징'이라는 글을 발표하며 제멜바이스의 시도를 방해하고 나선 것이다.

제멜바이스는 자신의 주장에 대한 확실한 근거를 내놓지 못한 채 의료계에서 자의반타의반 퇴출당했다. 그러나 그의 탁월한 감은, 그가 사망한 뒤인 1879년 루이 파스퇴르에 의해 박테리아의 존재가 발견되면서 진실로 입증되었다.

> 카메라의 장점은 사진가를 예술가로 만드는 힘이 아니라,
>
> 그에게 '계속 관찰하려는 충동'을 주는 것이다. _ J. B. 앳킨슨

정보가 부족했던 예전의 전문가들에게는 '감'이 오늘날의 '빅 데이터' 노릇까지 했다. 그들은 대상을 관찰하다가 감으로 핵심을 짚어내 직관적으로 해결책을 내놓곤 했다. 그러다 보니 과학적으로 증명하기 어려울 때가 많았다. 아인슈타인이 1915년에 발표한 일반상대성이론도 논란을 겪다가 1919년에야 영국 천문학자 에딩턴에 의해 입증되었다. 이처럼 비과학적으로 여겨지곤 하는 감이 옳

왔다는 사실이, 과학기술의 발전에 따라 나중에야 확인되는 역설을 이따금 만나게 된다.

## 최고의 승부사가 알려주는
## '성공을 이어가는 감'

———

그러나 탁월한 감이라고 해서 항상 맞아떨어지는 것은 아니다. 창업 후 성공 가도를 달려왔던 중견 기업 오너인 T사장은 몇 년 사이 신규 사업에서 번번이 고배를 마셨다.

신규 사업 철수를 결정할 때마다 T사장은 말했다. "내 감에는 정말 틀림없었는데…." 철썩같이 믿었던 감이 그를 배신한 것이다. T사장이 실패를 거듭할 때마다 '설거지'를 전담했다는 한 임원이 다음과 같이 말했다. "사장의 사업계획은 논리적으로는 흠잡을 데가 없었습니다. 그런데 완벽해 보였던 사업계획이 실제 착수에만 들어가면 이상하게 맥을 못추고 돌부리 하나에도 걸려 넘어지더군요. 정말이지 신기할 정도였습니다."

이처럼 뛰어난 분석력에 남다른 정보력까지 갖고 있으면서도 잘못된 판단을 하는가 하면, '내 감에는 틀림이 없다'고 고집을 부리다가 낭패를 보는 경우도 적지 않다.

한때 불면증에 시달린 T사장이 새벽마다 해외 축구경기를 보다가 친숙해진 의외의 인물이 있다. 2013년에 은퇴한 영국 맨체스터

유나이티드의 알렉스 퍼거슨 감독이다. 전에는 축구에 관심이 없었기에, 그에 대해 '박지성 선수가 뛰던 팀의 사령탑' 정도로만 알고 있을 뿐이었다. 그런데 해설자가 자주 언급하는 바람에 호기심이 생겨 옛 명승부 장면을 뒤져보고, 감독의 자서전까지 구입해 읽는 과정에서 뒤늦게 팬이 되었다. T사장은 "은퇴한 노장에게서 경영은 물론 세상을 살아갈 지혜를 얻으며 곱씹고 있다"고 말했다.

프리미어리그의 감독 수명은 평균 2년으로 알려져 있다. 그야말로 파리 목숨이다. 하지만 퍼거슨 감독은 꼴찌에서 두 번째였던 맨유를 맡은 이후 무려 27년간 재직하며, 38개의 우승컵을 모으는 대역사를 이뤄냈다. T사장이 퍼거슨 감독을 통해 깊이 깨달은 부분은 '디테일까지 챙기는 꼼꼼한 관찰력'이었다. 퍼거슨 감독은 "선수들을 관찰하다 보면 때로는 보고 싶지 않은 모습도 보게 된다. 하지만 그렇게 해야 소중한 작전 타임을 잘 쓸 수 있다"고 강조한 적이 있다.

우리 나이로 72세에 은퇴한 노장 감독은 '반짝 스타들'을 염두에 둔 듯 이런 경고도 남겼다. "나는 노동자 계급 출신이라서 잠깐의 성공으로 모든 걸 다 가진 것처럼 행동하는 사람을 잘 안다."

성공 이후 자만에 빠진 사람은 안이해지기 쉽다. 그런 마음으로는 본질을 제대로 들여다볼 수 없으며, 정말 중요한 디테일을 놓치게 된다. 반면 수많은 경쟁자가 성공한 그를 벤치마킹하므로 그의 노하우는 이내 간파당하고 만다. 이후의 승부는 자명하다.

T사장도 이런 함정에 빠져 있었다. 그는 회사가 한참 성장할 때

는 현장을 부지런히 돌았지만, 본격적인 성공가도에 오른 뒤에는 눈에 들어오는 굵직한 것들만 대충 짚어내고는 '다 안다'고 착각을 했다. 직원들이 회사를 어떻게 생각하는지, 사내 분위기가 어떻게 돌아가는지에 대해서는 염두에 두지 않았던 것이다.

## 감을 잃은 논리는 장님이며, 논리 없는 감은 아집이다

———

고수들 간의 결투에서 승부는 말 그대로 '간발의 차이'로 갈리게 되어 있다. 세세한 것들을 놓치고서는 승리를 예단하기 어려운 것이다. 성공을 거둬본 사람의 감이 되레 실패의 예약으로 이어질 때가 있다. '내가 하면 다 된다'는 자만이 '감'과 뒤섞여 무모하게 일을 밀어붙이기 때문이다.

사업상의 판단만이 아니다. 앞날을 좌우할 중요한 결정을 앞두고 있다면, 그것은 또 하나의 불확실성이 본격적으로 전개될 것이라는 전조다. 창업, 이직, 결혼, 시험, 도전 등 결단의 양상은 달라도 본질은 다르지 않다.

제멜바이스의 시대와는 달리, 요즘은 빅 데이터가 우리에게 온갖 가능성과 판단의 재료를 보여준다. 예를 들어 커피 전문점 창업을 생각한다면 손님들이 무엇을 가장 중요하게 생각하는지 빅 데이터가 보여준다. 커피의 맛, 브랜드, 인테리어, 지리적 위치, 종업원의 친절함, 잘 터지는 와이파이 등등. 그럼에도 빅 데이터는 사람들을 관찰하기 위한 '확대경'일 뿐, 결단은 어차피 '감'의 영역이다. 독일 막스플랑크연구소의 심리학자 게르트 기거렌처는 "데이터는 확실성의 허상을 제공할 뿐, 느낌이야말로 불확실한 세계에서 가장 유용한 도구"라고 말한다.

꼼꼼하게 살펴본 감은 '한발 앞선 준비'의 차원으로도 이어지게 되어 있다. 이 덕분에 어떤 사람들은 결심을 실천에 옮기는 순간부터 남들보다 멀찍이 앞서나간다. 탁월한 결정은 이성적 분석과 감을 동시에 충족시키는 것이어야 한다. 감을 잃은 논리는 장님이며 논리의 뒷받침 없는 감은 고집불통으로 변질될 수 있다.

충분히 준비되지 않으면 감의 신호가 약할 수밖에 없다. 감이 없으면 긴장이 되고, 바짝 긴장하면 과한 힘이 들어가기 때문에 실패할 가능성이 커진다. 반면 준비가 되어 있는 사람은 이미 결단을 내린 상태라 긴장할 이유가 없다. 오히려 설렌다. 감을 확실히 잡았으니까.

# 호감은
# 벌을 끌어들이는
# 꽃향기와 같다

독일의 심리학자 폴커 키츠가 제약협회와 함께 일을 막 시작했을 때 겪은 일이다. 제약업체들의 파티에서 삼삼오오 대화를 하던 사람들이 홍해의 기적처럼 갈라졌다. 그 사이로 모세, 아니 제약업계를 담당하는 정부 부처의 고위 관료가 걸어 들어왔다. "대단하네. 저 카리스마 좀 봐!" 폴커 키츠와 나란히 서 있던 동료가 속삭였다.

관료는 인상이 강해 보이는 중년 남자로, 꾹 다문 입술만으로도 권력의 오라를 뿜어내기에 충분했다. 그의 싸늘한 눈빛에 움츠러들어 어느 누구도 감히 말을 붙여볼 생각을 하지 못했다. 참석자 대부분은 그럼에도 그가 자신을 발견해 말을 걸어주기를 은근히 기대하는 눈치였다.

그런데 잠시 후 신기한 일이 일어났다. 그 실력자의 시선이 하필이면 신출내기였던 폴커 키츠에게로 향했고, 실력자는 눈이 마주치자 성큼성큼 걸어와 악수를 청하는 것이었다. 두 사람은 그렇게 한동안 대화를 나누었다.

우리는 살면서 가끔 기가 막힌 우연을 경험한다. 어렸을 때 전학으로 헤어진 친구와 외국 출장중 길거리에서 우연히 마주치거나, 전시회 이벤트에서 누군가 버리고 간 행운권이 1등에 당첨된다. 또 라디오에서 들은 한마디가 평생의 좌우명이 되기도 한다.

그러면서도 우리는 노력의 중요성을 끝없이 강조한다. 우연의 가능성을 최소화하는 게 바람직한 성공이라고 믿는다. 이런 믿음에 따르면 운으로 갈리는 승패가 불공평해 보인다. 하지만 다시 생각해보면 꼭 그런 것만은 아니다. 만일 삶에 우연이라는 요소가 없다면 노력이란 기존의 과정을 되풀이하는 답습에 지나지 않을 것이다. 그런 노력의 결과에선 가슴을 두근거리게 하는 낯섦, 새로움을 찾아낼 수 없다. 그러니 우연을 감지하고 잡아내기 위해선 '낯선 대상'에 대한 남다른 자세가 필요하다.

기회는 대개 힘겨운 노역으로 위장한다.

그래서 사람들이 그것을 잘 알아보지 못하는 것이다. _앤 랜더스

폴커 키츠는 불친절해 보이는 관료의 태도에서 오히려 친근감을 찾아냈고, 대화를 나누면서 그의 직설적인 말투와 건조한 유머에 호감을 드러냈다. 관료가 다른 사람들에게로 향한 뒤, 구경만 하던 동료가 다가와 물었다. "대체 어떻게 한 거야? 나는 저 사람하고 인사 한번 터보려고 몇 년을 기다렸는데." 폴커 키츠는 즐거워하며 대답했다. "간단해. 내가 저 사람한테 호기심을 드러냈거든. 저 사람이 그걸 눈치 챈 것이고."

인간관계에 '감'이 좋은 사람은 인연을 빨대처럼 빨아들이는 경향이 있다. 아직 만나보지 못한 사람이라도, 그에 대한 흥미로운 얘기를 전해 들으면 비밀창고 속에 저장해둔다. 그의 가정환경이나 취미, 좋아하는 배우나 작가, 그가 휴일에 뭘 하며 지내는지 등을 말이다.

그러다가 상대를 우연히 만나게 되면 그게 바로 인연으로 이어지고, 이때 상대에게 먼저 드러내는 호기심과 호감이 빨대 역할을 한다. 그에게 외국출장 계획이 있다면 새겨들었다가 다음에 만났을 때에 그 이야기를 화두로 꺼낸다. 이와 같은 일이 꼬리를 물고 이어지며 상대에 대해 더 많은 감을 얻게 되면 관계는 선순환의 흐름을 탄다. 따라서 이들이 맞이하는 우연한 만남은 상당 부분 '준비된 우연'의 성격을 띨 수밖에 없다.

다른 이의 낯선 면에서 호감을 찾아내는 태도는, 상대로 하여금 경계심을 풀고 접근을 허용케 하는 마중물이 된다. 이런 스타일의 우연은 그동안의 노력에 대한 일종의 보상일 수도 있다. 거꾸로 선입견이나 아집으로 똘똘 뭉친 사람에게선 일종의 '마이너스 기운'이 느껴진다. 그런 부정적인 느낌은 오던 복도 놀라 달아나게 한다.

## 느낌도 받아들일
## 준비가 되어 있어야 찾아온다

————

SNS에서 인기 있는 사람들은 수많은 이들의 호응을 얻는다. 그가 사진이나 글을 올릴 때마다 사람들의 관심이 쏠린다. 그런데 이렇게 호응을 얻고 호감을 받는 데 뾰족한 수단이나 대단한 비밀이 있는 것은 아니다. 자신이 먼저 사람들에게 좋은 느낌을 주기 때문에 그것을 되돌려 받는 것뿐이다. 다른 사람들의 SNS에 방문해 '좋아요'를 누르고, 댓글을 자주 남길수록 자기 SNS에도 사람들이 몰리게 되어 있다.

다른 사람이 나에게 호감을 표현하는 것만큼 기쁜 게 없다. 누군들 자신에게 호감을 보이는 사람을 싫어하겠는가. 우연히 만난 사람의 어쩐지 친숙한 느낌에서 호기심과 호감을 느꼈다면, 그것은 새로운 인연에 대한 기대감으로 이어지게 마련이다. 우리는 본질적으로 타인의 사랑과 인정을 갈망하는 존재들이기 때문이다.

다른 사람들에 대해 내가 제대로 느끼게 된 것은 신문기자를 그만두고 전업작가가 되고 난 뒤였다. '취재하겠다는 의도'를 버린 뒤에야 사람들의 뒷모습이 눈에 들어왔고, 그 과정에서 다른 이들의 마음을 조금씩 짐작하게 되었다.

사람들과 헤어질 때 그들의 뒷모습을 물끄러미 보다가 그들이 풀어놓고 간 이야기보따리에 뭔가 있다는 감을 받았다. 그 속의 수많은 구슬들을 하나씩 꿰어 헤아리며 사람들을 이해하게 된 것이다. 그러다 보니 어느 정도는 그들의 생각까지 짐작할 수 있게 되었다. 친한 이들에게 짐작한 것을 슬그머니 드러냈다가 "어떻게 알았느냐"는 반응에 스스로 놀라기도 했다.

다시 눈을 떠 세상을 바라보면
무엇 하나 당연한 것이 없을 것이다. _프레더릭 프랭크

준비된 상태에서 우연을 만났을 때 '특유의 감'이 온다. '어쩐지 친근함' 혹은 '왠지 모를 익숙함'이 그것이다. 꿈에 그리던 인생의 동반자일 수도 있고, 성공을 함께 일궈나갈 사업 파트너일 수도 있다. 기가 막힌 아이디어를 전해주고 스치듯 지나가는 정체불명의 은인일 수도 있다.

내가 먼저 좋은 느낌을 발산한다면 우연이 인연으로, 또한 필연으로 이어질 확률이 매우 높아진다. 상대 또한 그에게 좋은 느낌을 품은 나를 알아볼 것이기 때문이다.

# 직장 상사들이
# '일 잘하는 후배'보다
# 아끼는 사람은?

신문사 다닐 때 있었던 일이다. 해외 연수를 떠나는 팀장의 후임을 놓고 A와 B, 두 선배가 경합중이라는 소식이 들려왔다. 연수를 가는 팀장이 후배들을 상대로 '누가 오기를 바라는지' 여론 파악에 나섰다. 나는 대번에 B선배를 지목했다. 팀장이 물었다. "근거가 뭐야? A한테 무슨 문제라도 있는 건가?" 대답을 하려니 말문이 막혔다. 뚜렷한 근거라 할 만한 게 없었기 때문이다. 이유라면 그저 당시에 잘나가던 A선배보다는 수더분한 B선배에 끌렸다는 정도였다.

누군가에 대한 평가를 부탁받았을 때, 우리는 깊이 고민을 하지 않고 판단을 내린다. 대충 '좋은 사람'이라고 규정해놓고는, 이유가 반드시 필요할 경우에는 그럴싸한 논리를 갖다 붙여 합리화하려는 경향이 있다. 결국, B선배가 신임 팀장으로 오게 되었다. 팀의 다른 후배들 또한 B선배를 추천했다는 사실을 그즈음에 알게 되었다.

## 능력을 뛰어넘는
## 끌림의 힘
———

다양한 정보를 체계적으로 처리하지 않고 대충, 적당히 결론을 끌어내려는 속성은 누구에게나 있다. 이는 뇌가 불완전하기 때문인데 학자들은 이런 태도를 '휴리스틱Heuristics'이라 한다. 휴리스틱은 시간이나 정보가 불충분해 합리적인 판단을 할 수 없거나, 굳이 체계적인 판단을 할 필요가 없는 상황에서 신속하게 사용하는 '정신적 지름길'을 뜻한다. 아무리 깐깐하게 따지는 의사라 해도 생명이 경각에 달린 환자가 실려왔을 때는 매뉴얼과 자신의 감을 두루 활용한 응급조치를 취할 수밖에 없는 것이다.

휴리스틱의 단점은 '편향'이다. 불완전한 정보를 토대로 판단을 내리다 보니 어느 한쪽으로 치우칠 가능성이 크다. 그러니 주요 부서 팀장 자리를 휴리스틱에 기초한 여론 조사로 결정한다는 것은 어떻게 보면 상당히 어울리지 않는 선택으로 여겨질 수 있다. 특히 회사는 '알고리즘Algorithm'을 따르는 이익집단이다. 알고리즘이란 휴리스틱의 반대 개념으로, 수학문제를 푸는 것처럼 원인과 결과가 분명한 문제를 해결하기 위한 절차와 방법론이다. 예를 들어 인사 문제라면 '실력과 성과'라는 분명한 알고리즘이 있다. 그런데도 확실하지 않은 휴리스틱으로 B선배가 신임 팀장으로 결정된 셈이다.

휴리스틱은 생존 본능으로 내려온 습성이기도 하다. 우리의 아주 먼 조상들은 낯선 상황(예를 들어 풀숲이 갑자기 움직일 때)에 직면할 때마다, 어림짐작과 순간적인 판단으로 도망쳐 살아남았기에 후손들을 남길 수 있었다. 우리의 조상들이 '알고리즘' 편향이었다면 풀이 왜 움직이는지 그 이유를 확실히 파악할 때까지 기다리다가 튀어나온 맹수에게 죽임을 당했을 것이다. 이런 점에서 우리는 '휴리스틱' 했던 선조들의 후예임에 틀림없다.

> 우리 뒤에 놓인 것과 우리 앞에 놓인 것은
> 우리 안에 놓인 것과 비교하면 사소한 것들이다. _랠프 왈도 에머슨

이런 습성은 오늘의 인간관계에서도 비슷하게 나타난다. "A랑 B 중에서 어느 쪽이 적임일 것 같아?"라는 식의 질문을 받으면, 자동적으로 그 두 사람이 나에게 드러냈던 태도들을 떠올린다. 그가 내게 호의적이었는지 아니었는지의 느낌에 따라 금방 판단을 내리는 것이다.

A선배는 상사들에게 좋은 평가를 받았고 그를 따르는 후배도 꽤

있었지만 어쩐지 꺼림칙했다. 그 꺼림칙함이란 '위험하다'는 경고성 느낌이기도 했다. 나중에 A선배와 같이 일을 하며 그 느낌의 실체가 무언지, 어디에서 비롯된 것인지를 직접 겪어볼 기회가 있었다. 그에게 다른 사람이란 '이용가치' 이상도 이하도 아니라는 것을 절실히 깨달았다.

반면 B선배는 그 당시에는 두각을 나타내지는 못했지만 후배들의 마음을 편하게 해주는 스타일이었다. 나는 이런 B선배에게 끌렸고 그를 팀장으로 모시며 '팬'을 자처하게 되었다. 나 외의 몇몇 후배들도 그랬다.

사람들은 대단한 일을 해낸 사람보다 소소한 일에서 기분 좋게 해주는 사람에게 끌린다. 왜 그럴까? 그것은 따뜻한 호의를 보이는 상대가 편하고 마음이 놓이기 때문이다.

### 일 잘하는 사람,
### 왠지 느낌이 좋은 사람

깊이 분석하기 전에 내가 안전한지부터 직관적으로 파악하는 휴리스틱 본능은 나를 좋게 생각해주는 사람에게 문을 슬며시 여는 반면, 좋지 않은 뜻을 품은 사람에게는 위험을 감지하고 문을 닫아건다. 이는 순간적으로 오는 느낌이어서, 그 구체적인 이유는 나중에야 깨달을 때가 많다.

A선배는 팀장 자리는 놓쳤으나 B선배보다 먼저 중요한 직책을 맡았고 그 후로 꽤 승승장구했다. 하지만 결정적인 순간에는 B선배에게 추월을 당하고 말았다.

인간관계에 감이 좋은 사람들의 핵심 노하우 중 하나가 상대를 안심하게 해준다는 것이다. 무난하고 편안한 느낌이 쌓여 '좋은 사람' 또는 '괜찮은 사람'으로 굳어진다. 대다수의 직장 선배들 역시 일 잘하는 후배를 자주 칭찬하면서도, '오랫동안 함께 하고 싶은 후배'로는 성실하고 인간성 좋은 사람을 꼽는다. 말하자면, 안심이 되는 후배를 선호하는 것이다. 그런 판단이 승진이나 연봉 등의 결정에 주요한 요소로 반영되기도 한다. 이 또한 알고리즘보다는 휴리스틱에 가깝다.

임기응변에 능한 선조들의 후예답게, 우리는 여전히 휴리스틱을 애용하고 있다. 사람을 상대할 때는 느낌대로 응하고, 하나씩 짚어봐야 할 때에야 알고리즘을 동원한다. 물론 두 가지를 조화롭게 이용하는 게 더 나은 결과를 약속할 것이다.

# '망친 하루'를
# '괜찮았던 하루'로
# 만드는 방법

아침부터 언짢은 소리를 듣고 출근을 하면, 그 기분이 가시지 않아 예민해지고 행동이 거칠어지는 경우가 있다. 만원 지하철에서 사람들 사이로 가방을 잡아 빼다가 누군가의 비명과 항의를 듣는다. 회사에선 옆 부서 동료의 농담에 트릿하게 반응하는 바람에 언성이 높아지기도 한다. 그런 하루를 겪으면 말 그대로 진이 빠진다.

냉철하고 이성적인 사람이라도 기분의 영향에서 자유롭기란 쉽지 않다. 기분은 어떻게든 생각에 반영되고 행동으로 이어지기 때문이다. 그 결과가 '좋은 하루' 또는 '그저 그런 하루', 아니면 '망친 하루'다. 어제가 오늘에게 바통을 넘겨주고, 내일이 오늘의 기분을 이어받으면 순환 구조가 만들어진다. 우리가 흔히 일상이라고 부르는, 비슷한 날들의 반복 속에서 '기분의 패턴'이 형성된다. 익숙한 기분과 그에 따른 선택이 일상과 맞물려 정착되면 그게 바로 나의 성격이다. 성격은 타고나는 부분도 있지만 환경과 의지에 의해 바뀌기도 한다.

'망친 하루'의 악순환에서 벗어나려면 그럴 수 있는 계기부터 마련하는 게 우선이다. 원치 않는 방향으로의 질주를 일단은 멈추어야 그 다음에 새로운 방향을 모색할 수 있다. 이때 방향 전환을 위해 중요한 것이 '작은 성취감'이다. 하루를 마무리하며 생각을 정리하다 보면 어떻게든 만족감을 찾아낼 수 있다.

나의 경우, 열심히 준비한 원고의 출간 제안이 출판사에 거절당할 때마다 서점에 들러 책을 몇 권 사들고 오는 습관이 있다. 그동안 기울였던 노력이 수포로 돌아가 허탈하고 막막하지만, 기대를 갖고 읽을 책들을 한 무더기 사왔으니 결과적으로는 보람이 있었던 하루로 만드는 데 성공한 셈이다.

사온 책들을 들추다 보면 또 다른 기분이 든다. '뭐, 어쩔 수 없는 일이지.' 그러다가 내리는 결론은 이렇다. '그래도 오늘 제안하기를 잘했어. 퇴짜를 맞으니 차라리 속이 시원하네. 내일부터는 다른 걸 준비해봐야겠다.' 하지만 내일까지 기다릴 것도 없다. 나도 모르게 손이 아이디어를 모아놓은 수첩으로 향하게 된다.

우리는 과거 때문에 아플 뿐만 아니라,

미래에 잘 적응할 수 없기 때문에 아픈 것이다.

결국 병은 우리에게 과거에 대해 말해주는 동시에,

현재와 관련을 맺으며 미래를 향한다고 할 수 있다. _칼 구스타프 융

만일 열패감을 곱씹으며 시간을 보냈다면 이런 악순환으로 이어졌을 가능성이 크다. 부정적 느낌 → 내 아이디어를 이해해주지 못한 사람들에 대한 원망 → 배신감 → 사람들과의 마찰 → 망친 하루 → 열패감 → 스스로를 한심해하며 자학 → 다음날도 부정적 느낌 속에서 스스로를 정당화하며 하루를 낭비.

'좋은 하루의 선순환'을 위해서는 작은 성취감과 더불어 가까운 사람과의 좋은 관계가 필수다. '지금 이대로도 괜찮다'는 느낌이 스트레스가 가져올 수 있는 부정적인 영향을 줄여주는 동시에 자기 치유 능력은 높여준다. 생물학적·사회적 차원에서뿐만 아니라 심리적·정신적 차원에서까지 우리를 건강하고 풍요롭게 해준다. 작은 성취와 사랑이 선순환을 불러일으키는 것이다.

좋지 않은 하루 → 그럼에도 뭔가를 시도해보고 작은 성취감을 느낌 → 괜찮다는 느낌 → 자존감 고양 → 좀더 나아 보이는 나 → 실무자와 다시 소통하며 아이디어 주고받기 → 여유 속에서 새롭게 도전하기 → 인정을 받는 나 → 사람들과 함께 또 다른 기회 모색.

우리의 삶은 이토록 사소한 계기로 인해 바뀔 수 있다. 삶을 바꾸

는 어떤 계기는 몸을 통해 강력한 느낌으로 다가오기도 한다. 전설적인 투자자이자, 국제적인 투기꾼으로 추앙과 비난을 동시에 받는 조지 소로스가 그런 스타일이다. 그가 아슬아슬한 금융 투기를 결심할 때는 대개 한 나라의 경제나 통화 시스템이 위기에 몰릴 때였다. 소로스의 투자 감각에 대해 그의 아들이 언론과의 인터뷰에서 이렇게 폭로한 적이 있다. "무슨 일이 생길 만하면 아버지는 등이 아프다면서 끙끙 앓았어요. 그러고는 주저 없이 자신의 투자 포지션을 바꾸곤 했지요."

통증은 '무엇인가 잘못되고 있다'는 느낌 안테나의 신호였을 것이다. 소로스는 결정을 바꾸고 난 뒤에야 다리를 뻗고 편하게 잠들 수 있었다. 그의 예민한 감각이, 자칫 악순환에 빠질 수 있는 선택을 다른 편으로 돌려놓음으로써 그를 구해낸 것이다.

우리의 삶은 우리에게 일어나는 일이 아니라
우리가 거기에 어떻게 반응하느냐에 따라 달라진다. _미상

선순환의 출발점은 '나'에 대해 다른 느낌을 가져보는 것이다. 그 느낌이 작은 성취감과 새로운 도전의식을 불러일으키고 힌트를 주어 간략한 계획으로까지 이어진다. 그렇게 시작한 계획이 장차 어떻게 될지 누가 알겠는가.

# 인생을 바꾼
# 위대한 결정은
# 어떻게 탄생할까

3년차 직장인이 중국어를 배우기 위해 아침 일찍 학원을 다니기로 했는데, 학원과 강좌가 많아 어떤 것을 선택해야 할지 알 수 없었다. 며칠을 망설이다가 친구 회사 근처에 HSK(Hanyu Shuiping Kaoshi, 한어수평고시) 합격률이 높다는 곳이 있다기에 상담을 받고 등록했다. 하지만 장고 끝에 악수라고, 온갖 명목으로 들어간 수강료를 따져보니 다른 곳의 두 배 가까이 됐다. 일주일 만에 환불을 받고 말았다. 그는 이렇게 생각했다. '나는 왜 이렇게 되는 일이 없나 몰라.'

우리는 하루에도 몇 번씩 선택 앞에 놓이고 결정을 내려야 한다. 대개는 큰 고민이 필요 없는 소소한 것들이지만, 어쩌다 한번은 평생에 걸쳐 그 결과를 마주해야 하는 결정과 마주선다. 합격했으나 기대에는 못 미치는 회사에 다닐 것인지, 좋아하는 것 같긴 한데 확신은 서지 않는 남자의 청혼에 뭐라고 답해야 할지, 창업한 선배의 "와서 도와달라"는 요청을 받아들여야 할 것인지 등등.

## 선택과 감정의
## 절묘한 관계

———

예측 불가능한 상황에서 경쟁을 벌이다 보면 수많은 선택 앞에서 지쳐버린다. 내 마음을 확실히 알 수 없다. 모두 중요한 것 같고, 어찌 보면 전부 필요 없는 것 같기도 하다. 남들은 어떤지 눈치를 보다가 결정을 미루기만 한다. '결정장애'가 선택을 매번 원점으로 되돌려놓아 제자리걸음에서 벗어나지 못하는 것이다.

선택은 우리의 통념과는 달리, 이성보다는 감의 영역이다. 결정 과정에서 감정을 배제하면, 순수한 이성만으로 최적화된 결정을 내릴 수 있을 것 같으나 실상은 그 반대다.

사고로 뇌의 특정 부위에 손상을 입은 사람 중에 감정을 잃는 경우가 있다. 감정을 맡는 중추(대뇌변연계)에 이상이 생겼기 때문이다. 의사들이 관찰했더니, 감정을 잃은 사람들은 일상의 작은 선택에서도 심한 어려움을 겪는 것으로 나타났다. 이성은 비교와 분석에 충실하지만, 최종 결정은 감정의 역할이기 때문이다. 이를 통해 다급한 상황에서 차분한 결정을 내리는 리더는, 감정이 결여된 게 아니라 감정적으로 휘둘리지 않는 것임을 알 수 있다.

감에도 차원이 있어서 수준에 따라 달라진다. 낮은 수준의 감은, 설혹 결정장애에서 벗어나더라도 '자존심 절벽'에 부딪힐 때가 많다. 사실 자존심은 지위나 생존과도 연결되어 있다. 학자들에 따르면 우리의 생각은 사회적 지위에 민감하도록 프로그래밍되어 있다고 한다. '높은 사회적 지위'를 '안정적인 생존'과 동일시해왔던 선조들의 오랜 잠재의식을 물려받은 것이다. 그래서 다른 누군가와 비교해 스스로가 처져 보일 때는 마치 생존이 위험에 처한 듯 불쾌한 느낌을 받게 된다.

직관은 신성한 선물이며, 이성은 충직한 하인이다.
우리는 하인을 섬기고
신성한 선물을 잊어버린 사회를 만들었다. _알버트 아인슈타인

스스로가 남들보다 못한 것 같아 초조할수록 '최고'를 골라야 한다는 압박에 쫓겨 엉뚱한 결정을 하는 경우가 적지 않다. 상처 받은 '자존심'이 분노로 변하면 '버럭' 하고 튀어나온다. 그럼에도 버럭하는 것은, 면밀하게 따져보면 그 주인의 선택이다. 상한 자존심을

만회하기 위해 관계와 평판의 손해까지도 각오하는 것이다.

## 최선이 아닌 차선이
## 옳은 답일 수도 있다

수많은 중국어학원 목록을 앞에 놓고 혼란스럽다면, '대체로 스타일'을 적용해보는 것도 방법이다. 결정장애에 빠져 아무 선택도 안 하는 것보다는, 설령 약간 잘못되더라도 '대체로 도움이 되는' 선택을 해보는 것이다. 물론 여기서 '대체로'를 성의 없다는 뜻의 '대충'과 혼동해서는 안 된다.

감이 좋은 사람들은 기분이 나빠졌을 때도 원칙을 충실하게 지킨다. 좋지 않은 기분이 자존심 상한 데서 비롯된 것이며, 당장 실체가 따라오는 위기 신호가 아님을 확인하는 순간, 마음의 기어를 빼 중립 위치에 놓는다. 감이 좋다는 의미를 '매우 예민하다'와 동일시하는 관점도 있으나, 자극에 민감하게 반응하는 것은 참을성이 부족하거나 신경질적이기 때문일 수도 있다.

마음의 중립 기어는 전진 또는 후진이라는 이분법에서 우리 기분을 자유롭게 한다. 지나치게 앞으로 치고 나가지 않으며, 반대로 뒤로 물러나 위축되지도 않는다. 중립의 시야로 전체를 아우르며 폭넓게 조망한다. 이는 공자의 '중용'과도 통한다.

어느 누구도 매번 최고의 선택을 할 수는 없다. 그러니 결정의 순간에 어떤 선택을 해야 할지 알 수 없다면, 차라리 내 삶의 우선순위부터 다시 따져보는 것은 어떨까. 내 삶의 우선순위는 오늘의 우선순위를 정하고 그것부터 잘하는 것으로 시작된다. 신기하게도 어떤 위대한 결정들은 다수의 반대를 무릅쓴 몇몇 사람의 감에 의해 이뤄졌다. 경부고속도로 건설이나 삼성의 반도체 투자 같은 것이 그렇다. 그런데 이런 결정들 또한 당시에는 최고 또는 최적의 결정은 아니었다.

우리 삶의 결정들도 마찬가지다. 지금 한 선택이나 결정이 최고나 최선이 아닐 수 있다. 그러나 대체로 도움이 되는 차선의 선택점들을 하나씩 이어가다 보면 나중에는 '내 인생을 바꾼 위대한 결정'으로 재해석될지 누가 알겠는가.

# 센스는
# 배려로
# 완성된다

감은 일상에서 발휘되어 삶의 무늬를 다양하게 그려준다. 감은 우리가 흔히 쓰는 '센스(분별력)'라는 말로도 통한다. 주위를 둘러보면 센스 없는 사람들이 있다. 예를 들면 버스에 타고 난 후에야 부랴부랴 교통카드를 찾는 부류다. 그가 꾸물대는 바람에 뒷사람들이 차에 오르지 못하고 출발도 늦어진다. 대형 마트에서도 이런 사람들을 볼 수 있다. 계산 끝난 물건들을 카트에 가득 실은 후에야 지갑과 회원카드를 찾느라 부산을 떨고, 결국 계산원과 다른 손님들에게 불편을 준다.

## 내 속에 내가 너무 많으면
## 세상을 담을 수 없다

———

'눈이 절반'이라는 말이 있다. 이 말처럼 시각이 오감 중 으뜸 대접을 받는다. 그래서인지 통상적인 대화 중에는 '본 것'에 대한 이야기가 압도적으로 많다. 그런데 눈에 들어온 것은 영어의 'I see'처럼 단순히 본 것에 그치지 않고 '알았다'는 의미로 확대된다. 영어뿐만이 아니다. '관점(觀點)'이라는 단어도 보는 것을 넘어 생각한다는 의미를 담고 있다.

주변을 둘러보고 인식하며 자기 관점을 가지면 센스를 발휘하게 된다. 자기뿐 아니라 여러 사람의 입장을 고려해 생각하고 행동하는 것 또한 감의 영역이다. 그래서 센스는 '나 편하고, 남에게 피해를 주지 않는' 방향으로 발달하게 된다. 생활의 소소한 지혜가 되는 것이다.

옷 입는 센스도 다르지 않다. 센스 있는 사람들은 색상과 스타일, 액세서리를 세련되게 매칭시켜 자신만의 개성을 연출한다. 특히 여성의 경우 색상 조합만 잘 맞춰도 '센스 있다'는 평판을 듣는다. 거꾸로 생각해보면, 여자들 사이에선 옷 잘 입기가 그만큼 어렵다는 의미이기도 하다. 흔해 빠진 조합으로는 눈에 띄지 않으며, 과하게 이것저것 매칭했다가는 남의 눈에 거슬리는 패션 테러리스트로 전락할 수도 있다.

패션 센스가 있는 여성은 가까운 데서 해답을 찾는다. 스스로를 면밀하게 파악해, 자기 체형의 단점은 보강하고 장점은 강조하는 방향으로 스타일을 추구한다. 그리고 센스가 고도로 발달하면 프로페셔널 감각으로 거듭나게 된다.

대부분의 사업이 그렇지만 특히 서비스 업종은 매장 직원들의 '눈'에 따라 수준이 갈린다. 고객만족도가 높은 곳과 낮은 곳을 구분하는 차이는 고객의 마음을 '얼마나 잘 알아채느냐'에 있다. 최고의 평가를 받는 매장에선 도움이 필요할 때 굳이 직원을 부를 필요가 없을 정도다. 매장에서 잔뼈가 굵은 베테랑들은 후배에게 '전체를 넓게 보면서도 사소한 것 하나 놓치지 않는 눈썰미'를 교육한다.

직원들은 바쁜 와중에도 손님들을 관찰하고 있다가 미리 알아서 문제를 해결해준다. 식당의 경우 손님 잔에 물이 바닥나기 전에 직원이 와서 채워준다. 의류매장이라면 옷을 고르다가 뭔가 궁금해질 즈음이면 가까이 다가와 있는 직원을 발견할 수 있다.

접객을 하는 서비스업에서는 고객이 무엇을 필요로 할지 한발 앞서 알아채야 한다. 상대가 필요로 하는 것을 센스 있게 알아채서 해결해주려면 미리 준비가 되어 있어야 가능하다. 이처럼 성공하고 그것을 이어가는 데는 탁월한 감각이 필요하다.

반대로, 센스가 없는 사람은 주변의 변화에 무심하다. 삶의 다양한 디테일을 하찮게 여기며 '중요한 것만 잘하면 된다'고 생각한다. 문제는 그런 중요한 일들이 무수히 많은 작은 일들로 이뤄져 있다는 점이다. 그래서 감이 좋지 않으면 시야와 사고의 폭이 좁을 수밖에 없다. 가뜩이나 좁은 마음속에 자기 생각만 꽉 들어차서 남을 위한 생각과 배려가 비집고 들어갈 틈이 없다.

## 먼저 눈과 귀를 열어야
## 상대의 마음을 볼 수 있다

———

센스는 매력으로도 이어진다. 느낌 안테나는 상대의 마음을 알아차릴 때 예민한 촉을 발휘한다. 말투와 몸짓, 눈빛 등을 순간적으로 살피고 그 느낌을 조합해 그의 내면의 목소리를 짐작해낸다. 한순간 지나칠 수도 있는 미묘한 단서의 조각들을 퍼즐처럼 맞춰 마음을 읽어내는 것이다. 동료들과 '죽이 잘 맞는' 사람은 이런 매력으로 사랑을 받는다.

마음 읽기는 논리적으로 분석하기보다는, 상대를 감수성으로 '낚는' 쪽에 가깝다. '호기심'이라는 낚시를 드리우고 상대가 기꺼이 반응할 때까지 기다려보는 것이다. 사람은 자신에게 좋은 의도를 갖고 관심을 보이는 사람에게 무의식중에라도 속내를 보여주게 되어 있다. 하지만 오랜 기간 갈고닦은 경험 많은 마음 낚시꾼이라 해도 상대가 무엇을 원하는지 항상 정확하게 알 수 있는 것은 아니다.

매력적인 낚시꾼이라면, 그럼에도 수준급 센스를 발휘해 상대의 속내 깊은 곳을 울려 기쁘게 해준다. 마주 앉은 상대의 말에 귀를 기울임으로써 그를 인정해주는 것이다. 인정해준다는 것은, 상대를 있는 그대로 받아들인다는 의미다. 이처럼 센스는 눈에서 시작되어 마침내는 귀로 종결된다.

# 몸이 체득한 느낌은
# 배반하지 않는다

신문기자를 하다가 스타트업 기업의 제의를 받아 자리를 옮긴 적이 있다. 분위기도 괜찮은 데다 함께 일할 멤버들도 손발이 잘 맞았다. 인력이 부족해 광고제작사 AE로 일하던 후배에게 연락을 했다. 후배는 시원하게 요청을 받아들여주었다. 그러나 그는 출근한 지 사흘이 채 지나지 않아 사표를 내고 말았다. 이유를 묻자, 공동 경영자 두 명 중 한 사람을 지목했다. "느낌이 아주 좋지 않다"는 거였다. 그때는 그 후배의 말이 밑도 끝도 없는 핑계로 들렸는데, 후배의 '느낌'은 몇 달 후 현실이 되었다. 그 경영자가 저지른 잘못과 회사에

입힌 손실이 하나둘씩 드러났고, 문제를 제기하는 사람들과 은폐하려는 사람들의 세력다툼에 회사는 항로를 이탈하고 말았다.

나중에 후배를 만나 "그런 사람인지 어떻게 알았느냐"고 묻자 이런 대답을 들을 수 있었다. "누구나 웬만하면 알 수 있는 것이죠. 단지 받아들이기가 어려울 뿐이에요." 그 정도의 '사람 가리는 감'은 누구에게나 있다는 것이었다. 느낌은 처음 만난 사람일지라도 믿을 만한지 아닌지 알아채고 신호를 보내준다. 하지만 모든 이가 그 신호를 잘 받아들이는 것은 아니다. 이해관계나 명분, 욕심에 사로잡혔을 때에는 내면의 소리를 들으려 하지 않기 때문에, 안 좋은 느낌이 강하게 와도 그럴 리 없다며 부인한다.

이런 느낌은 저절로 모든 게 이뤄지는 초능력도 만능도 아니다. 감을 잡는 데도 재료(정보)가 필요하다. 이성적 검증으로 논리적 뒷받침이 될 때 느낌에 더욱 무게가 실리는 것이다. 후배의 그 '탁월한 느낌'은 분명 AE로 일하며 쌓은 경험(광고주는 물론, 다른 부서들 사이에서 시달린 세월)이 판단의 근거와 참고 자료가 되었을 것이다.

## 잠재의식의 역량에 따라
## 일의 성취가 달라진다

———

곤충은 더듬이를 손질하는 데 많은 시간을 들인다. 먹을 때를 제외하고는 계속 더듬이를 문지른다. 이토록 더듬이를 애지중지 닦는

까닭은 뭘까. 미국의 동물행동학자들이 이유를 알아보기 위해 실험을 했다.

연구진은 청소를 하지 못한 곤충의 더듬이와 마음껏 손질한 곤충의 더듬이를 전자현미경으로 들여다보았다. 그 결과, 손질을 하지 않은 더듬이 표면이 반짝이는 물질로 덮여 있는 것을 발견했다. 그 물질은 곤충 피부의 주성분인 큐티클 탄화수소였는데, 껍질에서 배출되어 수분의 손실을 막는 역할을 주로 한다.

그런데 이 물질이 더듬이까지 덮어버리면 후각과 촉각 같은 감각이 둔해져 위험을 감지할 수 없게 된다. 곤충들이 더듬이를 거듭 문질러 가장 좋은 상태를 유지하려는 것은 바로 이런 이유 때문이다. 한마디로 살아남기 위한 노력인 것이다.

사람도 살아남기 위해 감을 갈고 닦는다. 오래 전의 인류는 맹수의 위협에서 살아남으려고 느낌 더듬이를 곤두세웠다. 먹을거리를 구해 돌아오다가 으슥한 숲에서 마주친 낯선 남자가 우호적일지 아닐지 눈 깜짝할 사이에 알아챌 수 있어야 했다.

우리 또한 먹고살기 위해 느낌 더듬이를 가동한다. 거의 모든 직업마다 특유의 감이 필요하다. 디자이너에게는 탁월한 미적 감각이 필요하고 마케터에게는 시장 트렌드를 앞서가는 예민한 더듬이가 필요하다. 요리사는 오감을 총동원해야 미식가들의 찬사를 받을 수 있다. 요리는 맛과 냄새, 멋, 분위기 등 모든 감각을 만족시켜줘야 하는 종합예술이기 때문이다. 무슨 일이든 특유의 감을 갈고 닦아야 자기 영역에서 나름의 경지에 이를 수 있다. 직업뿐만 아니라, 공부마저도 그렇다.

사소한 것에 주의를 기울이다 보면
신비롭고 놀라우며 감동적인 세계가 열린다. _헨리 밀러

느낌 안테나의 작동을 가로막는 방해요인들을 자주 닦아내 관리해주지 않으면 감을 놓칠 수 있다. 욕심이나 편견이 지나칠 경우에도 감이 흐려진다. 감을 잃은 스포츠 선수의 경기가 풀리지 않는 것처럼 감이 둔해지면 기회가 와도 포착하질 못하며, 결국 중대한 기회를 눈 뜨고 날릴 수도 있다.

'감이 좋다'는 의미는 잠재의식과 현재의식의 작용이 긴밀하게 이뤄지고 있음을 뜻하는 것이기도 하다. 현재의식은, 예측이 불가능한 잠재의식에 비교하면 빙산의 일각일 뿐이다. 잠재의식에서 얼마나 많은 역량을 끌어내느냐에 따라 우리의 앞길이 달라진다.

광고제작사 출신 후배의 말대로 이런 능력은 누구에게나 어느 정도 있는 것이기도 하다. 누군가 탁월한 감을 발휘해 일을 성취하고 나면 많은 사람들이 안타까워하며 말한다. "아! 나도 어쩐지 마음에 걸리더라니…" 의외로 이런 일은 자주 일어나며, 당신도 예외는 아닐 것이다.

## 머리가 아닌 몸으로 체득해야
## 진짜 아는 것이다

———

느낌에는 비밀 창고가 있다. 느낌은 아주 먼 조상들에게서 전해져 내려온 경험 데이터에 기반한 과학이기도 하다. 수만 년 이상 쌓인 데이터가 DNA형질에 담겨 우리 내면에 잠재의식으로 자리를 잡은 것이다. 다만 우리가 인식하지 못할 뿐이다. 어쩌면 역사를 통해 선조들에게서 물려받은 이 느낌에 비하면, 요즘 각광받는 빅 데이터는 '우주공간의 티끌'에 불과할 수도 있다.

느낌 안테나의 감도를 높이려면, 영어 독해시 모르는 단어가 나와도 앞뒤 맥락으로 내용을 짐작하는 것처럼 일상에서 감을 발휘해보는 연습을 자꾸 해야 한다. 예사롭지 않게 잡아챈 생활 속의 감은 이성적 해석을 거쳐 '지혜'라는 고도의 느낌으로 숙성된다. 지혜는 마음속 비밀 창고에 보관되며 삶의 항로를 비춰주는 등대가 되어준다. 다만 '들어봤으니 아는 것'이라고 섣불리 단정 짓는 태도는 감을 닦는 데 최강의 방해꾼이다. 알기만 할 뿐 몸에 배지 않았다면 그것은 아는 게 아니다. 고도의 감은 끝없이 되새김질하는 과정에서 조금씩 쌓이는 것이다.

우리들의 마음속 비밀 창고는 찾아온 기회를 감지하면 문을 크게 열고 신호를 보내준다. 그 신호는 영감일 수도 있고, 통찰일 수도 있으며, 위대한 발견일 수도 있다.

# 2부

# 잘되는
# 나를 만드는

# 감의 비밀

# 몸이
# 리듬을 타면
# 느낌이 열린다

영화 「파인딩 포레스터Finding Forrester」에서 숀 코네리는 은둔생활을 하는 위대한 작가 윌리엄 포레스터 역을 맡았다. 그는 우연히 알게 된 슬럼가의 흑인 학생에게서 탁월한 문학적 재능을 발견한다. 학생이 써온 글을 문 앞에 놓고 가면, 그가 붉은 펜으로 코멘트를 달아 문 밖에 내놓는 식으로 지도한다. 시간이 흐르자 비로소 경계심을 풀고 학생을 집 안으로 불러들여 책상의 타자기 앞에 앉힌다.

"시작해."

"뭘 시작하죠?"

"키를 두드리기만 하면 되는 거야."

"생각 좀 하고요."

"아니, 생각은 나중에 해. 우선 가슴으로 초안을 쓰고, 나중에 머리로 다시 쓰는 거야. 작문의 첫 번째 열쇠는 그냥 쓰는 거야. 생각하지 말고."

영화 속 위대한 작가는 학생의 타자음을 들으며 말한다.

"가끔은 타이프의 단조로운 리듬이 페이지를 넘어가게 해주지. 그러다 자신만의 단어를 느끼면 쓰기 시작하는 거야. 키보드를 두드려, 어서! 그래! 그렇지! 좋아, 밀고 들어가."

타자음이 빨라지자 흥이 나서 박자를 맞춰준다.

우리도 영화 속 장면과 유사한 일을 많이 겪는다. 기획안을 만들어야 하는데 시작하려니 불안하고 어떻게 해야 할지 감이 잡히지 않는다. 마음이 허공중을 헤매다 보면 의욕을 잃고 인터넷 서핑이나 SNS 같은 샛길의 유혹을 받기 쉽다. 그러나 이럴 때일수록 머리를 비우고 손가락들을 바쁘게 움직여 일단 시작하는 게 좋다. 자판을 두드려 생각나는 단어와 문장들을 화면 위에 줄줄이 늘어놓는 것이다. 그러다 보면 슬슬 시동이 걸린다.

위대한 작곡가는 영감을 받았기 때문에 일을 시작하는 것이 아니라,
일을 하고 있기 때문에 영감을 받는다. 베토벤, 바그너, 바흐, 모차르트는
회계원이 계산에 몰두하듯 매일 일에 전념했다.

이들은 영감을 기다리느라 시간을 낭비하지 않았다. _어니스트 뉴먼

어떤 일이든 첫 단추를 제대로 끼우기가 어려운 이유는 앞서 언급한 영화에서처럼 '가슴으로 쓰는 글'을 초안 수준마저도 끝내지 못하기 때문이다.

처음엔 리듬감 있게 시작하더라도 성공을 의식한 나머지, 작업이 흐름을 이어가지 못하고 옆길로 샌다. 한 번에 완벽하게 끝내려는 욕심이 감을 흐리게 하고 원래의 구상을 훼손시키는 것이다. 대단한 것을 만들어보겠다는 목표가 머릿속을 가득 채우면, 그에 상응하는 엄청난 느낌이나 확신이 올 때까지 손을 멈추게 된다. 뾰족한 수만 생기면 그걸로 한 번에 도약할 수 있을 거라고 기대한다. 그래서 '내일은 시원하게 풀리지 않을까?' 하는 기대로 일을 미루고, 마냥 기다리다가 더한 수렁에 빠질 때도 있다.

## 아무것도 안 하니까
## 불안한 것이다

심리학자이자 철학자인 윌리엄 제임스의 '가정 원칙'에 따르면 느낌이란 자신의 반응을 관찰했기에 경험하게 되는 일종의 결과물일 때도 있다. 이 원칙에 견줘보면 일이 생각만큼 풀리지 않아 두려운 것은, 완벽한 아이디어를 그저 기다리고만 있기 때문일 수도 있

다. 불안해서 아무것도 못하는 게 아니라, 아무것도 안 하니까 불안한 것이다. 마찬가지로 슬럼프에서 빠져나올 때도 먼저 필요한 것은 행동이다. 가슴이 이끄는 대로 행동을 먼저 하고 나면 머릿속에 가득했던 실패에 대한 두려움이 확연히 약해진 것을 느낄 수 있다.

그래서 어렴풋하게라도 한 번은 끝까지 가보는 성공의 경험이 더욱 중요하다. 그렇게 성공의 경험을 해보면 말 그대로 '감을 잡는'다. 단 한 번으로 '완벽의 경지'에 이르려는 기대가 얼마나 말이 안 되는지도 알게 된다.

소설가가 초고를 쓰고 나면 고치고 거듭 고치듯, 일 또한 보완하고 개선하면서 완성도를 높이는 작업에 더 많은 노력을 쏟아 붓는 게 당연하다. 느낌 안테나를 잘 닦아 관리하지 않으면 뭐가 문제인지, 어디서 엇나갔는지 감을 잡지 못해 문제를 개선할 수 없게 된다.

### 마음의 준비가 부족할 땐
### 몸부터 움직여라

———

리듬으로 마음을 일으켜 세우는 게 시작이다. 예술가 하면 떠오르는 주된 이미지로 광기와 영감, 천재성을 들 수 있다. 그들은 어디로 튈지 모르는 조마조마한 삶을 살다가 잠깐의 몰입으로 걸작을 뚝딱 만들어낸다(고 알려져 있다). 물론 이런 얘기들은 대부분의 경우 허세의 결과물이거나 조작이라는 사실이 다양한 경로를 통해 밝혀지고 있다.

그런 허세나 조작 혐의와 애초부터 거리가 멀었던 거장이 바로 고흐다. 고흐가 남긴 편지들을 보면, 그의 일상이 세밀하게 나타나 있다. 그는 그림을 성실하게 그렸다. 대상을 깊이 관찰하며 밑그림을 그리고, 거듭 고쳐가며 완성했다. 거장을 만들어낸 것은 그런 하루하루의 경험들이었다.

우리도 부지런히 몸을 움직여 눈앞에 쌓인 일들을 시작해볼 수 있다. 발심(發心)이 먼저다. 무기력한 와중에도 일단 팔을 걷어붙이고 나면 속도가 붙어 의외로 많은 분량을 해치울 수도 있다.

행동은 절망의 해독제이다. _조안 바에즈

손가락의 지문처럼 사람마다 고유의 리듬감이 있다. 처음엔 다소 헤매더라도 자신만의 리듬을 찾으면 그날 성과는 대박일 가능성이 높다. 가장 중요한 건, 마음의 준비가 덜 되어 있을 때에는 몸부터 움직여야 한다는 점이다. 몸은 느낌을 통해 마음과 연결되어 있기 때문에 먼저 반응한 몸은 마음에 시동을 걸어준다. 그 후로는 의지의 힘까지 이용할 수 있다. 시작이 리듬을 타면 감은 저절로 온다. 그 감을 받아들여 방향을 잡아가고, 고치고 다시 고치는 과정을 통해 나만의 걸작이 탄생한다.

# 노력형 부자들의 감은
# 발에서 나온다

악어는 짐승들이 물을 마시러 다가오면 물속에 들어가 눈만 내놓고 기회를 엿본다. 물가로 온 짐승들은 쭈뼛댄다. 그들 대부분은 악어가 물속에서 자신을 노리고 있음을 감으로 알기 때문이다. 그러면 '인내의 줄다리기'가 장시간에 걸쳐 이어진다. 목이 타는 짐승들은 뭍에 서서 안타깝게 물을 바라보고, 악어 또한 물속에서 냉정한 눈으로 뭍의 먹잇감들이 다가오기를 기다린다. 악어는 미동도 하지 않은 채 한없이 기다린다. 이때 짐승들이 물 마시기를 포기하고 돌아서면 악어는 허탕이다. 하지만 마침내 무리 중의 한 마리가 갈증을 참지 못하고 물속으로 들어간다. 녀석이 물을 마시고 한숨 돌리는 순간, 악어는 이미 지척에 다가와 있다.

사람들은 악어를 게으른 동물이라 생각한다. 따뜻한 햇볕 아래서 늘어지게 잠을 잘 때가 많기 때문에 생긴 오해인데, 알고 보면 악어는 꽤나 부지런한 동물이다. 매일 자신의 영역을 돌아보며 부유물이나 나뭇가지 등을 치워 물길을 뚫는다. 물길이 막히면 물의 신선도가 떨어지기 때문이다. 악어는 더러운 물에서도 큰 어려움을 겪지 않는다. 그러니 깨끗한 물은 '손님맞이' 용도다. 물이 신선해야 물을 마시러 오는 짐승들의 발길이 이어질 것임을 악어는 안다.

## 부자들은 운이 오는 길목을 지키고 서 있다

————

노력으로 부자가 된 사람들은 악어와 묘하게 닮았다. 인내와 꾸준함에서 특히 그렇다. 그들은 악어처럼 돈이 오는 길목을 지키고 기다린다. 악어가 자기 영역을 돌아보듯, 부자들도 준비와 관리를 통해 자신만의 시스템을 지켜내고 키워나간다. 매일매일 점검하며 잠재의식 속에 다져놓고, 한편으로는 새로운 것을 받아들여 익히는 과정에서 경험과 시간이 감으로 다져진다.

그들도 우리처럼 기대만큼의 좋은 기회가 올지 여부를 미리 알 수 있는 방법은 없다. 다만 자신이 할 수 있는 부분을 해놓으면서 기다릴 뿐이다. 자기 구역을 정리하는 악어처럼 깨끗하게 관리할수록 기회가 생길 가능성이 높아진다. 그러다 거두는 성공 또는 실패의 경험이 또한 새로운 감으로 이어진다.

자수성가한 부자와 악어의 또 다른 공통점 하나는 자기 분야에서 한 우물을 판다는 점이다. 더 좋아 보이는 게 눈에 들어와도 자기 깜냥이 아니면 욕심을 내지 않는다. 미국의 재정관리 전문가 루이스 쉬프가 분석한 결과, 중산층의 70퍼센트가 "부를 쌓는 데 있어 아이디어와 혁신이 가장 중요하다"는 관점을 갖고 있는 데 반해, 부자들의 90퍼센트는 "어설프게 새로운 일에 달려드는 것은 좋지 않다"고 응답했다.

실제로 어떤 혁신을 이룬 선두 주자보다는 나중에 그것을 받아들여 선두를 제친 이들이 부자가 된 경우가 많았다. 우리가 혁신의 대명사로 기억하는 이들마저도 알고 보면 뒤늦게 뛰어든 후발 주자들이었다. 이런 점에서 보면 세상의 모든 부자들은 혁신가들에게 상당한 빚을 지고 있는 셈이다.

그 원형을 마케팅 전문가 제프리 J. 폭스의 저서 『왜 부자들은 모두 신문 배달을 했을까』에서도 찾아볼 수 있다. 워런 버핏과 잭 웰치, 월트 디즈니, 샘 월튼 등 미국 억만장자 400명의 첫 직업을 분석해보니 한결같이 신문 배달 소년이었다. 흥미로운 점은 이들이 어린 시절에도 나름의 감을 발휘했다는 부분이다.

이들은 남보다 빨리 배달을 끝내기 위해 신문을 효율적으로 접어

발코니를 향해 던지는 비법을 고안해냈고, 배달 구역을 연구해 가장 빨리 움직일 수 있는 지름길을 개척했다. 비에 젖지 않게 비닐을 씌우는 아이디어를 내기도 했다.

하지만 대부분은 여러 배달 소년들 간에 축적된 다년간의 노하우에 자기 경험과 아이디어를 약간 보탠 수준이었다. 신문 배달에서 자기에게 맞는 방법을 찾아낸 소년들은, 어른이 된 후에는 특유의 인내와 꾸준함을 바탕으로 혁신을 받아들여 조합하고 개선함으로써 세계적인 자산가 반열에 올랐다. 악어가 수시로 막힌 물길을 뚫어 신선한 물을 받아들이는 것처럼, 부자들 또한 혁신가들을 두루 접하며 그들에게서 새로운 기회를 발견한 것이다.

## 촘촘하게 준비하고,
## 여유롭게 기다리다, 벌처럼 쏴라

———

자기 힘으로 부자가 된 사람들의 감은 촘촘한 그물이다. 그래서 작은 기회나 실수도 여간해서는 놓치지 않는다. 지인들과 교류하며 뉴스와 화젯거리를 제공하지 않는 부자는 어쩐지 놀고먹는 것처럼 여겨질 때가 많다. 그들은 "요즘 어떠냐?"는 질문에도 "그냥 논다"고 대답한다.

하지만 실제로는 물 위에 고고하게 떠 있는 백조인 경우가 많다. 물 밑에서는 쉼 없이 발을 놀리고 있는 것이다. 혁신가가 아니기 때문에 재고 또 재는 데 주로 시간을 쓴다. 땅 몇 평을 사더라도 자동차 타이어가 닳을 정도로 가본 후에야 계약서에 도장을 찍는다. 주식투자도 마찬가지다. 부자들의 감은 절반 이상 '발'에서 나온다고 해도 과언이 아니다. 수시로 영역을 관리하는 악어와 같다.

나머지 절반은 일상생활에 배어 있는 습관에서 나온다. 예를 든다면, 여유 시간이 생길 때 꺼내드는 스마트폰을 무엇에 활용하는지부터가 다르다. 우리들 대부분은 SNS나 게임, 포털 인기 검색어 등을 보며 시간을 때운다. 반면 부자들은 수시로 주가와 환율 흐름을 체크한다. 아무 생각 없다가 필요할 때 단발적으로 검색해보는 사람과, 늘 지켜보며 흐름을 파악하고 있다가 필요할 때 활용하는 사람은 다를 수밖에 없다.

우리들은 산책을 다닐 때에도 사람 구경을 하지만, 부자들은 어디에 어떤 건물이 지어지는지, 어떤 점포가 생기는지를 눈여겨본다. 정보를 수집하고 상상해보며 감이 더욱 생생해지도록 더듬이를 닦는 것이다.

성공하는 사람은 '그 순간'을 포착하는 사람이다. _미상

예부터 우리나라 부자들은 사랑방을 열어 식객을 받아들임으로써 세상 돌아가는 이야기에 촉을 세웠다. 요즘 부자들의 촉은 문화 쪽에 맞춰져 있다. 사람들이 무엇을 좋아하고 즐기는지 눈여겨보고

다닌다. 모든 비즈니스의 핵심에 문화가 녹아들고 있음을 인식하기 때문이다.

이제는 무엇이든 문화산업이 핵심이다. 첨단제품이 형형색색의 옷을 입고, 병원 로비에서 매일 문화공연이 열린다. 감각을 소비하며 감각적인 즐거움을 사고파는 시대다. 그래서 감을 어떻게 발휘하느냐가 더욱 중요하다. 흐름을 읽는 촉과 알맞은 타이밍에 제대로 찌르는 침(針)이 성공의 관건이 되었다.

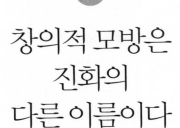

# 창의적 모방은
# 진화의
# 다른 이름이다

여성의 '화장'은 외모를 예쁘게 만들어주는 것 외에 다른 효과도 갖고 있는데 바로 '기분을 바꿔준다는 점'이다. 속이 상하거나 우울할 때 색다른 방식의 화장을 시도해본다는 여성들이 꽤 있다. 그런데 이런 시도는 은연중 '능숙한 이(연예인 등)'를 따라 해보는 모방인 경우가 많다. 따지고 보면 어린 시절, 엄마의 립스틱을 몰래 써보던 화장의 첫걸음부터가 모방이었다.

잘하는 사람들을 따라 하다 보면 화장에 익숙해진다. 화장에 능숙한 여성이 그렇지 않은 여성보다 매사에 적극적인 태도를 보인다는 연구결과도 있다. 스스로에 대한 만족감에 힘입어 대인 관계에서도 자신감을 갖고, 적극적으로 나서는 경향이 다분하다는 것이다. 그러다가 한계에 부딪혔다는 느낌이 들 때에는 또 다른 스타일을 모방하며 변화를 시도해본다. 예전과 다른 화장 스타일로 변신을 하거나 멋지게 차려 입고 나면, 행동 또한 자연스레 그에 맞춰지게 되어 있다. 외면이 내연을 바꾸는 것이다.

어떤 모방은 처음에는 매우 어색할 수도 있다. 주변 사람들에게서 "무슨 일 있느냐"는 걱정 어린 질문을 받기도 한다. 그러나 서로가 변화에 적응되고 새 화장 스타일이 손에 붙으면 차츰 무리 없이 받아들여지게 된다.

남자의 외양도 크게 다르지 않다. 어릴 때 아버지의 구두를 신어보는 것으로 시작해, 성장하면서 다양한 롤 모델들을 만나 흉내를 내다가 차츰 자기 스타일을 찾아간다.

### 경쟁력을 갖게 해주는
### 발전적 모방

이처럼 새로운 시도와 변화가 잘 맞아떨어지면 사람이 달리 보이는데, 대개는 이전보다 호감도가 높아진다. 이렇게 바뀐 이미지와 행동이 주변 사람들의 느낌에 영향을 미치고, 반응은 다시 당사자에게 돌아와 '긍정적 자기 이미지'로 쌓인다.

내 삶의 최소 90퍼센트 이상이 모방이었다. 어쩌면 99퍼센트에 육박할지도 모른다. 대학 시절, 기자가 된 고교 동창을 보고 신문기자가 되기로 결심했다. 그 한 번의 '따라 하기'가 내 인생의 방향을 정해주었고, 두 번째로 '선배들 따라 하기'가 글을 써서 먹고사는 방향으로 기초공사를 해주었다.

얼떨결에 신문사 공채시험에 합격했지만, 동기들의 거룩한 스펙에 가려져 주눅이 든 채 기자생활을 시작했다. 동기들은 근무할 희망부서를 조율할 때에도 경제부나 사회부 등 인기부서를 자신 있게 찜한 반면, 나는 아무도 관심없어하는 과학부를 지망했다.

과학부는 시끌벅적한 편집국에서 유일하게 절간처럼 조용한 부서였다. 동기들은 취재원과의 저녁약속이나 부서회식, 기타 모임 등으로 바빴지만, 나는 9시 뉴스가 끝날 때까지 남아서 과학부 선배들의 기사 스크랩북(자기 기사를 오려서 모아놓은)을 베껴 썼다. 초기에는 1단 기사(200자 원고지 2~3매 분량) 위주였지만 차츰 양이 많은 해설 기사까지 옮겨 적었다.

베껴 쓰기가 어느새 모방으로 이어졌다. 처음 작성해본 해설 기사에 모 선배의 독특한 스타일이 그대로 묻어나는 바람에 옆 부서의 데스크에게 "○○○ 씨의 유파가 되고 싶은 거냐?"는 농담을 듣기도 했다. 그래도 개의치 않았다. 언젠가는 선배들처럼 유려한 기사를 써보겠다는 욕심에 조금씩 변화를 주어가며 모방을 거듭했다.

상상력은 모방에서 비롯된다.

이는 창조의 힘을 지닌 비판 정신이다. _오스카 와일드

　그러다가 일이 벌어졌다. 내가 취재한 아이템이 데스크회의에서 1면 톱으로 결정난 거였다. 매우 드문 일이지만, 병아리 기자가 큰 기사거리를 물어오고는 기사 작성에 애를 먹을 경우, 선배가 취재 내용을 확인해가며 대신 써주는 게 당시의 관행이라는 것을 나중에야 알았다. 그러나 나는 선배들 스크랩을 베껴본 경험을 밑천 삼아 어려움 없이 기사를 써내려갔고 일찌감치 마감했다. 데스크의 수정을 거친 후에 원고가 넘어갔다.

　막 인쇄되어 나온 따끈한 신문의 대문에 걸린 내 기사를 확인했을 때의 감동은 지금도 잊을 수 없다. 입사한 지 1년이 조금 안 됐을 때의 일이다. 물론 그 후로도 여러 부서와 출입처를 옮겨 다니며 1면 톱을 꽤 썼다. 참고로, 기자들 중에는 1면 톱을 단 한 번도 써보지 못하고 퇴직하는 사람이 다수다.

　지금 생각해보면 '쪽팔림을 무릅쓴 모방'이 내 감각을 제대로 단련시켜준 거였다. 그 이후 이따금 행운과 마주쳤을 때 그 기회를 제대로 살릴 수 있었던 것도 모방이 가져다 준 성과였다. 숱한 모방을 거치는 과정에서 자신감을 얻을 수 있었던 것 또한 큰 결실이다.

## 타인의 것으로부터
## 나만의 것을 창조하다

———

나의 모방은 지금까지 당당하게 이어지고 있다. 신문 칼럼을 보다가 마음을 건드리는 대목이 나오면 노트에 옮겨 적는다. 그러고는 내 글을 쓸 때 나에게 어울리는 스타일로 바꾸고 다시 틀어서 요긴하게 활용하는 것이다. 상당 부분이 달라지므로 표절은 아니다.

'천재적인 글쟁이의 노력'을 날로 먹는 것이 미안할 때도 있지만, 기자 시절에 만나봤던 그 당사자들(여러 신문사 선배들) 또한 나와 비슷한 '아이디어 도둑'임을 알기에 크게 부담을 갖지는 않는다. 좋은 것을 선택해 그중에서도 좋은 점을 취할 뿐이다.

자신에게 부족한 부분을 보완하고 싶다면 주변의 닮고 싶은 사람을 살펴보며 따라 해보는 것도 좋은 방법이다. 말투나 스타일까지 흉내를 내다 보면 재미있어서 똑같은 느낌이 들 때까지 자꾸 시도하게 된다. 그 과정에서 일부가 몸에 밴다. 그렇게 몸에 밴 스타일 때문에 나의 일상 또한 다소간은 바뀐다.

세계 최고 권위의 쇼팽콩쿠르에서 한국인 처음으로 우승을 거머쥔 조성진 씨는 쇼팽협회와의 인터뷰에서 "출전을 결심한 뒤 아홉 달 동안 쇼팽만 연주하고 쇼팽처럼 살았다"고 고백했다.

모방을 창피하게 생각할 이유가 없다. 유사 이래 새로운 것은 없으며 우리 모두는 타고난 따라쟁이들이니 말이다. 잘난 누군가 또한 다른 누군가를 모방함으로써 스스로를 가꿔나갈 수 있었다. 사람은 무의식적으로라도 다른 이에게서 발견한 매력을 좇고 따라 하게 되어 있다.

창의란 거창한 게 아니다. 모방하고, 모방한 것을 내게 맞는 스타일로 개선해보고, 또 다른 모방을 해보는 부단한 과정을 통해 내 스타일의 틀을 갖춰가는 것이다. 물론 그 스타일 또한 영원하다고 단정 지을 수는 없다. 영원하다는 것은 발전이 없음을 의미하는 것이기 때문이다. 따라 하고, 섞고, 변화를 거듭하는 과정에서, 진화하는 나 자신이 더욱 마음에 들게 된다. 그러다 보면 아주 조금씩, 남들에게도 인정받는 사람으로 변신하게 되는 것이다.

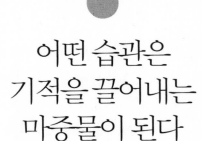

# 어떤 습관은
# 기적을 끌어내는
# 마중물이 된다

휴대폰 부품 공장에서 있었던 일이다. 그 공장은 작업이 자동화되어 있어 사람이 할 일은 모니터에 뜨는 데이터를 봐가며 컴퓨터로 미세한 조정을 하거나 생산품을 검수하는 정도였다. 그런데 이곳 직원 중 독특한 습성을 가진 베테랑이 한 명 있었다. 그는 아침에 후배들이 기계 가동을 시작할 즈음이면 맨손 체조를 하면서 라인을 돌아다니는 것으로 일과를 시작했다. 새로 입사한 사람들마다 바쁜 시간에 한가하게 다니는 그를 보며 묻곤 했다. "왜 저런 걸 하죠?"

어느 날, 주문량이 갑자기 몰리는 바람에 서둘러 세팅을 마치고 기계 가동에 들어갈 때였다. 맨손 체조를 하던 베테랑이 돌아와 팀장에게 말했다. "좀 이상한 것 같지 않아? 라인을 잠깐 세워봐." 팀장이 대답했다. "왜요? 모니터에는 아무런 이상이 없는데요." 그날 예정 물량을 뽑아내려면 한시가 급한 상황이었다.

베테랑이 다시 물었다. "이쪽 라인에서 소리 나는 거 안 들려?" 팀장이 귀를 기울여봤지만 평소와 다르지 않았다. "무슨 소리요? 괜찮은데요." 베테랑이 화를 냈다. "어떻게 이게 안 들린단 말이야?"

언쟁이 벌어졌고 공장장까지 달려오는 소동으로 이어졌다. 결국 공장은 가동을 멈췄다. 공장 직원들은 생산된 부품들을 테스트해본 결과, 불량품이 상당수 섞여 있는 것을 발견했다. 만일 라인을 세우지 않고 계속 기계를 가동했더라면, 불량품이 만들어졌을 테고, 납품에 차질을 빚어 상당한 손해를 볼 뻔했다. 문제점을 찾아내 급한 대로 조치를 취한 팀장이 베테랑에게 사과하며 비결을 물었다. 베테랑이 대답했다. "비결은 무슨…. 그냥 아는 거지."


창조성을 주입할 수는 없다.

대신 호기심을 불러일으키는 환경을 창조해야 한다. _켄 로빈슨 경


아침마다 맨손 체조를 하며 라인을 돌아보던 습성이 '괜한 짓'이 아니었다는 얘기다. 그것은 라인 가동에 맞춰 자신도 몸을 풀고, 공장을 전반적으로 체크해보는 일종의 '리추얼(Ritual, 의식)'이었다. 매

일 똑같은 절차를 반복하며 신경을 쓴 결과, 평소와 미세하게 다른 소리를 듣고 문제가 생겼다는 감을 잡아낼 수 있었던 것이다.

## 위기 앞에서
## 더욱 강해지는 리추얼
———

리추얼은 일을 본격적으로 시작하기에 앞서 편안하게 한 바퀴 둘러보는 듯한 느낌이다. 사정이 급할수록, 사실은 이런 느낌이 더욱 중요하다. 전반적인 흐름을 미리 훑어보고 요소들을 세세하게 파악해두면 웬만큼 돌발적인 일이 일어나도 침착하게 대응할 수 있다. 리추얼은 여행을 떠나기에 앞서 짐을 꾸리는 것과도 비슷하다. 필요한 것들을 챙기고 혹시라도 빠진 것은 없는지 다시 체크함으로써 문제를 미리 막는 것이다.

감이 좋은 사람들 중에는 자기만의 리추얼을 가진 이가 많다. 어떤 야구선수는 타석에 들어서면 왼쪽 어깨부터 씰룩인 다음에 스윙을 한번 해본다. 이유는 알 수 없으나 그 행동을 해야 속이 개운해지고 비로소 공을 잘 칠 수 있겠다는 자신감이 솟는다고 한다.

리추얼은 나의 느낌을 깨워 불러내기 위한 독특한 습관이기도 하다. 익숙한 리추얼을 충실하게 따르는 과정에서 나만의 직관과 에너지가 내면에서 깨어난다. 잠시 잊었던 문제의 해결책이 갑자기 떠오를 때도 있고, 복잡하게 얽혀 있던 문제가 순간 일목요연하게 정리되어 눈앞에 펼쳐지기도 한다.

어떤 작가는 집 안의 서재에서 글을 쓸 때도 옷을 제대로 차려 입고 컴퓨터 화면을 마주한다. 보는 사람도 없는데 말이다. 덥고 불편해서 몇 분 만에 옷을 벗어버리고는 속옷 차림으로 자판을 두드릴 때가 대부분이다. 그럼에도 작업을 시작할 때는, 어쨌든 갖춰 입은 상태에서 출발한다는 게 그만의 리추얼이다. 한 영어학원 원장은 하루 일과를 시작하기 전에 손수 우려낸 차를 원어민 강사들과 함께 마신다. 어쩌다 차에 빠져들게 되어 강사들에게 권하다 보니까 학원의 '비공식적인 의식'으로 자리 잡게 되었다는 것이다.

리추얼은 부담감을 덜어내기 위한 몸풀기라는 의미도 포함하고 있다. '오늘은 이만큼을 해치워야 돼' 같은 생각에 쫓기게 되면 부담감이 쌓이게 마련이고, 이런 압박이 느낌 안테나 작동에 방해가 된다. 휴대폰 부품 공장 사람들이 '오늘 생산목표를 달성해야만 한다'며 베테랑의 감을 끝내 무시했더라면 목표달성은커녕 제품을 적기에 납품하지 못해 휴대폰 메이커와의 우호관계에 이상이 생겼을지도 모를 일이다.

### '나만의 시스템'으로
### 최고의 영감 끌어내기

———

리추얼은 궁극적으로 '나만의 시스템'을 가동하는 것이다. 나에게 맞는 최상의 느낌을 끌어내기 위해 수차례의 시행착오 끝에 발견한 최적의 패턴으로 자극을 주는 셈이다. 이는 잠재의식 어딘가에 있는 영감을 펌프질하기 위한 일종의 마중물로 볼 수 있다.

나의 경우, 원고를 쓰기 전에 반드시 신문을 본다. 칼럼이나 기고문을 읽다 보면 전날 얼추 마무리해놓고 찜찜했던 대목을 어떻게 매듭짓는 게 좋을지 아이디어가 떠오를 때가 있다. 내 원고와 신문의 칼럼이 내용상 아무런 연관성이 없는데도 그렇다.

그런 경험에 비춰보면 아르키메데스가 목욕을 하다가 부력의 원리를 발견한 것이나, 뉴턴이 사과나무 밑에서 만유인력을 떠올렸던 것도 그들 나름의 시스템을 통해 끌려나온 잠재의식의 결과물이었을 가능성이 크다.

알고 보면 사람마다 다양한 리추얼을 갖고 있다. 커피를 내리 두 잔 마시는 것으로 하루를 시작하는 사람도 있고, 할 일을 포스트잇에 정리해 모니터 위에 붙여놓고 바라보는 사람도 있다. 어떤 것이 나에게 맞는지 알려면 이것저것 시도해보는 수밖에 없다. '딱 내 느낌'이라는 감이 오고, 그 결과까지 좋았다면 일단 찾아낸 것이다.

물론 나중에 더 좋은 무언가로 대체될 수도 있다. 그게 무엇이든 '나만의 시스템'이 되어준다면, 시스템이 시동을 걸어주고 영감과 마주쳤을 때 알아보게 해준다. 나아가 수시로 되돌아보고 잘 돼가고 있는지 확인할 여유까지 선물해줄 것이다.

# 나와 타인의
# 느낌 신호를
# 충실히 포착하라

한 여성이 남자친구와 냉면을 먹다가 혼자 일어나 집으로 가버렸다. 사건의 발단은 냉면이었다. 줄을 서서 기다렸던 냉면전문점에서 그녀는 비빔냉면을, 남자친구는 물냉면을 각각 주문했다. 그런데 그날도 어김없이 남자친구의 젓가락이 그녀의 냉면그릇을 침범해 들어왔다. 절반을 뚝 덜어가는 그의 천연덕스러움에 그동안 꾹꾹 누르며 참았던 분노가 폭발하고 말았다.

남자친구가 집 앞까지 쫓아와 볼멘소리를 했다. "그까짓 냉면 가지고 쩨쩨하게 왜 이러냐? 사이좋게 나눠먹자는 거잖아?" 그녀가 어이없다는 듯 대꾸했다. "내가 냉면 때문에 이러는 거 같아? 그동안 내 얘기를 제대로 듣기나 한 거야?"

사람들은 대체로 기분을 드러내는 데 모순적인 태도를 갖고 있다. 부정적인 기분일 경우에 더욱 그렇다. 마음속으로는 상대의 잘못에 따끔한 경고를 해주고 싶으면서도, 괜히 분위기가 어색해지고 미움을 살까봐 오히려 친절한 표정을 지어준다. 그러다 상한 기분을 말할 타이밍을 번번이 놓치고는 결국, 다른 장소에서 우회적으로 표현한다. 그녀 또한 우회적인 방식으로 "나는 누가 내 것을 침범하거나 건드리는 걸 엄청 싫어해"라고 얘기한 적이 있다. 하지만 그는 대수롭지 않게 넘겨버렸고, 밥을 같이 먹을 때 여러 번 같은 행동을 되풀이했다.

### 갈등의 회피가
### 야기하는 비극

순한 사람일수록 자기 기분을 제대로 표현하지 못한다. 하고 싶은 말을 꼭 해야 할 순간에, 콕 찍어서 하지 못하고 스스로 답답해한다. 앞선 커플의 경우, 냉면은 다툼의 계기가 되었을 뿐 본질은 다른 곳에 있었다. 그런데 문제의 핵심을 정확하게 전하지 못하고, 상대는 알아듣지 못하니 그녀로선 번번이 무시당한다는 느낌까지 덤으로 받게 되는 게 당연했다.

가까운 사람에게 부정적인 기분이 든다면 '나쁜 일이 발생하기 전에 상황을 바꾸라'는 느낌 안테나의 신호일 수 있다. 친구가 나를 은근히 무시할 때가 대표적이다. 처음 한 번은 어쩌다 무심코 내뱉은 실언일 수도 있다. 그러나 두 번, 세 번 거듭 반복된다면 그건 실수가 아니다. 이럴 때는 '너의 그런 말과 행동 때문에 나의 기분이 좋지 않다'는 점을 분명히 짚고 넘어갈 필요가 있다.

그녀가 남자친구를 납득시키는 데는 상당한 노력과 오랜 시간이 필요했다. 그는 그녀의 말을 알아듣지 못했다. "물냉면이나 비빔냉면, 둘 다 먹어보고 싶은 게 뭐가 잘못이야? 중국집에는 짬짜면도 있는데. 그리고 우리끼리 나눠 먹는 게 뭐가 어때서 그래?" 남자친구의 항변이 틀린 것만은 아니다. 그러나 문제는 여자친구가 화를 낸 이유가 단지 냉면 메뉴 때문이 아니라는 데 있다.

들은 것은 잊어버리고, 본 것은 기억되나,
직접 해본 것은 이해가 된다. _공자

문제의 핵심이 냉면이 아닌, 그의 태도 전반에 있음을 알려주기 위해 그녀는 부득이하게 과거 이야기까지 끄집어내야 했다. 모든 일에 있어 경계가 분명치 않은 그의 태도는, 냉면 외에도 그녀의 영역을 함부로 침범하는 '감내하기 어려운 수위'를 오가고 있었다. 그녀가 아끼는 저자 사인본 책을 무신경하게 후배에게 빌려주고도 뭐가 문제인지를 알지 못했다. 그러다 보면 언젠가는 돈 문제에서도 그런 일이 생기지 않으리라고 장담할 수 없는 법. 그런데도 그는 '그깟 냉면이나 책 한 권 갖고 유난을 떤다'는 반응이었다.

## 상대와 내가
## 주고받는 신호에 충실하라

내 기분과 생각을 표현하지 않으면 어느 누구도 내가 어떤지 알지 못한다. 적절한 수준으로 속내를 표현하는 가운데 우리는 어떤 점에서 같으며 어떤 점에서 다른지 알 수 있다. 서로 같거나 다른 기분을 반기고 받아들이면서 관계가 조화를 이뤄간다.

인간관계에 감이 좋은 사람들은 미움을 살까 걱정해 참기보다는 '느낌이 보내오는 신호'에 충실하게 응하는 성향이 있다. 그것이 서로를 위해서도 나은 선택임을 안다. 상한 기분을 마음속에 가두려고 억누를수록, 상대에게서 좋은 느낌을 찾아낼 여지가 급격하게 줄어들게 되어 있다. 그러니 좋은 기분을 주고받기 위해선, 상대가 내게 실수하지 않도록 가이드하는 적극적인 노력이 필수적이다.

그녀의 경우 남자친구의 감정을 무시하지 않는 범위에서 자기 생각과 기분을 솔직하게 알려주는 게 노력의 시작이다. 이를테면 "나는 물냉면은 먹고 싶지 않은데… 나한테 미리 물어봤어야 하는 것 아니야?" 하고 작은 목소리로 알려주는 것이다. 작은 목소리는 상대가 주변을 의식해 수치심을 느끼지 않도록 하는 배려다. 그러고는 "마침 우리가 서로를 좀더 이해할 수 있는 좋은 기회인 것 같다"며 소통의 물꼬를 틀 수 있다. 혹시 그의 기분이 상하지 않았는지 물어봐가며 그녀의 생각을 부드럽게, 그러나 명확하게 전하면 된다. "먹는 것이든 책 한 권이든, 내가 소중하게 여기는 것은 그냥 내 것이었으면 해. 내 선택이 존중받으면 더 좋을 것 같아."

누군가 때문에 기분이 상했다면 적극적으로 표현하는 것이 좋다. 언짢음을 유발한 당사자에게 나의 기분을 솔직하게, 그러나 비난하지 않으며 알려줌으로써 변화를 꾀할 필요가 있다. 상황을 당장 바꾸기는 어려울지라도 입 밖으로 꺼내는 순간부터 마음은 한결 편안해진다. 공감으로 대화를 정리하면 해피엔딩이 된다. "맛있는 걸 나눠 먹고 싶은 마음은 고맙게 생각해. 하지만 이제부터는 내 취향을 미리 물어봐주면 좋겠어."

자신을 솔직하게 표현하는 용기가 서로에 대한 좋은 감을 주고받을 수 있는 안정적인 통로 역할을 해준다. 물론 이런 스타일의 대화법은 스스로에게도 시도해볼 수 있다.

# 내 마음의
# 보석상자,
# 비밀 블로그

나는 공개된 블로그나 페이스북 같은 것을 하지 않는다. SNS도 실시간 대화만 이용할 뿐, 나를 드러내거나 남의 세계를 구경하러 다니지 않는다. 괜히 휩쓸렸다가는 후회할 일이 더 많다는 교훈을 얻었기 때문이다.

예전에 블로그를 꾸며놓고 성향이 비슷한 이웃들을 기웃거린 결과는 결국 '막장 따라 하기'였다. 남의 글과 사진을 보다가 정신을 차리면, 사진 속의 물건을 담은 택배상자가 내 앞에 놓여 있곤 했던 것이다. 지금 이 글을 쓰는 기계식 키보드와 손목 보호 마우스도 그 결과물이다. 애초에 나무꾼이 나무보다 도끼에 관심을 갖게 된 것부터가 잘못이었는지도 모르겠다. 괜히 이것저것 따라 해보다가 돈만 버리고 오히려 손목이 안 좋아졌다.

우리들 대부분은 귀가 얇은 사람들이다. 다수의 사람들이 그렇다고 하면 잘 알지도 못하면서 대세를 따르려는 경향이 있다. 이는 심리학자 솔로몬 애시의 실험 결과를 통해서도 알 수 있다. 이 실험 참가자의 74퍼센트가 정답을 알면서도 다수의 편에 속하고 싶은 마음에 일부러 틀린 답을 선택했다.

매력적으로 잘 정리된 누군가의 SNS를 구경하다 보면, '잘 살고 있다'는 자부심이 뿌리부터 흔들리는 경우가 많다. 처음 보는 멋진 사진에 미려한 글이 줄줄이 이어진다. 어쩌면 그리도 박학다식하고 글은 또 어찌나 잘 쓰는지, 당연한 것을 나만 모르는 것은 아닌가 하는 소외감이 들 정도다.

사람은 누구나 남들에게 주목받고 싶어하며 동시에 영향력을 행사하고 싶어한다. 그러면서도 의식하지 못하는 사이, 다른 사람들에게서 영향을 받는다. 느낌과 충동은 네트워크를 타고 빠른 속도로 전파된다. 네트워크는 매력적인 소용돌이와도 같아서 그 속에 발을 담갔다가는 한없이 빨려들게 되어 있다. 그럼에도 네트워크에서 자유로운, 귀가 두꺼운 사람들 또한 분명히 있게 마련이다. 솔로몬 애시의 실험에서 참가자의 26퍼센트는 분위기의 영향을 받지 않은 것으로 나타났다.

## 때론 보물창고로,
## 때론 휴지통으로

———

재작년쯤 함께 일하는 분에게서 기발한 아이디어를 들었다. 비공개 블로그를 활용해보라는 것이었다. 남들에게 보여주기 위한 것이 아니니까 부담 없이 아무 얘기나 쓸 수 있고, 깔끔하게 분류하거나 장식할 필요도 없지 않겠느냐는 말에 솔깃했다.

그런데 '남들한테 보여주지 않는 블로그'라는 게 과연 의미가 있을까? 의문을 제기하자 "임시보관함이나 쓰레기통이라고 생각해보라"는 대답이 돌아왔다. 어쨌든 남들을 의식하지 않고 온전히 내 마음대로 활용할 수 있는 공간이 하나 만들어졌다.

처음에는 비밀 블로그를 일종의 자료실로 활용했다. 스크랩해둘 신문기사가 눈에 들어오면 블로그로 옮겨놓았고, 책을 읽다가 마음에 드는 구절은 휴대폰 카메라로 찍어 블로그에 포스팅했다. 어쩌다 발견한 감동적인 사진들도 링크를 걸어놓았다.

그러다가 비밀 블로그를 활용하는 빈도가 점점 높아졌다. 갑자기 생각난 아이디어, 인터넷에 떠도는 좋은 글, 음악, 동영상 등을 갖다가 부려놓는 '임시보관함'의 성격이 짙어졌다. 보관함은 '쓰레기통'도 되어주었다. 사람들 앞에서는 표현할 수 없었던 누군가에 대한 불만을 어법과 논리를 초월해 쏟아낼 수 있었다. 쌓인 스트레스를 쓰레기통에 버리고 나면 기분이 후련해졌다.

비밀 블로그는 '나만의 공간'으로 자리를 잡았다. 사진과 동영상, 신문기사를 퍼다 쟁여놓고 틈틈이 내 생각을 털어놓는 과정에서 어느 누구의 침범도 받지 않는 나만의 세계가 만들어진 것이다.

## 누구의 침범도 받지 않는
## 완벽한 나만의 세계
———

나의 비밀 블로그를 둘러보다가 보물을 찾아내기도 한다. 전에 올려놓았던 사진이나 글을 다시 보면서 감동의 전율을 느낄 때가 그렇다. 오늘에 이르기까지 지나온 길에 흩뿌려놓았던 보석들을 영롱한 달빛 아래서 다시 돌아보는 기분이다.

목록을 훑어보다가 뜬금없는 메모도 하나 발견했다. '그게 어때서?'라는 제목이다. 내용도 달랑 그것뿐이다. 무슨 생각으로 그 몇 글자를 타이핑했는지 기억이 나지 않는다. 그러나 되뇌어보니까 모르면 모르는 대로 느낌이 괜찮은 말이다. 어쩐지 창피할 때, 내가 가진 뭔가가 초라해 보일 때, 스스로가 모래보다도 작다는 느낌이 들 때 "그게 어때서?" 하고 스스로에게 물어보면 좋을 것 같다.

그때그때의 느낌에 따라 밝게 보이는 보석이 다르다는 점을 깨달은 뒤로는 답답하거나 허전할 때마다 블로그에 접속해 별생각 없이 글을 훑어보거나 음악을 듣곤 한다. 과장되고 억지스러운 글도 이따금 눈에 띈다. 하지만 그것 또한 내가 그 순간에 충실했다는 흔적이기에 충분한 가치가 있다. 나만의 블로그이기 때문에 가능했을 것이다.

어쩌면 나는 그렇게 '본연의 나'를 있는 그대로 인정해줌으로써, 다른 사람들이 일으킨 세찬 삼각파도 속에서 균형을 잡아왔는지도 모르겠다. 크게 흔들리지도, 휩쓸리지도 않으면서.

신문의 칼럼에서 퍼온 문장이 눈에 들어온다. "건강함이란 완벽할 필요가 없다는 것을 인식하는 것에서부터 시작한다." 그 밑에 생각나는 대로 답글을 달아본다. "완벽하게 보이려고 애를 쓴다는 것은 결과적으로 내 인생을 못 산다는 의미다. 내 삶의 기준을 남들한테 쥐어주고 그들 때문에 좌지우지된다면 한 번뿐인 인생인데 너무 억울한 것 아닌가."

하루하루가 예전 같지 않다면, 일상에서 감을 잃은 것 같다면, 비밀 블로그를 만들어보기 바란다. '마음의 보물창고'가 되어줄 것이다. 그것은 이성의 서슬퍼런 감시에서 잠시 벗어날 수 있는 '나만의 감이 펼쳐진 무한의 바다'이기도 하다. 전문가들이 빅 데이터의 바다에서 사람들의 감성을 핀셋으로 집어내듯, 나 또한 나의 바다를 유영하며 무한의 느낌 속에서 예기치 못했던 또 다른 무언가를 찾아낼 수 있다.

# 남의 약점을
# 비웃지 않을 때
# 자신도 지킬 수 있다

사람이 지을 수 있는 가장 기분 나쁜 표정이 상대의 약점을 알아냈을 때의 '조소가 약간 섞인 겸연쩍은 웃음'이라고 한다. 대부분의 사람들은 대화를 할 때 괜히 오해라도 살까봐 말을 조심하며 표정을 관리하려 한다. 그런데 유독 상대의 약점을 간파한 순간에는 스스로도 인식하지 못하는 묘한 표정을 짓게 된다. 득의에 찬 웃음일 수도 있고, 우월함을 과시하려는 본능일 수도 있다.

상대의 약점을 조소한 것은 아니었지만 예전에 비슷한 실수를 저지른 적이 있다. 한 달에 한두 번 점심을 함께하던 기업체 임원에게서 책 선물을 받았다. "이거 읽어봤어요? 많은 생각을 하게 해주는 책이던데." 그가 감명 깊게 읽었다며 건네준 책은 당시 베스트셀러였던 『누가 내 치즈를 옮겼을까』였다.

말로는 "감사드린다"고 했지만 표정까지 관리할 수는 없었다. '무슨 이런, 몇 분이면 읽는 책을…. 차라리 그림책이면 정서에라도 보탬이 되지. 이사님, 그동안 교양과 인문학을 열심히 말씀하시더니 수준이 이 정도였단 말인가요?' 이런 마음이 표정에서 고스란히 읽혔을 텐데도 그분은 내색하지 않았다. 그 후에도 지속적으로 많은 도움과 조언을 주었다.

지식인이란 자기 정신이 자기 정신을 관찰하는 사람이다. _알베르 카뮈

몇 달 뒤에 같은 실수를 또 한 번 했다. 상대는 대학 동창이었다. 그가 『누가 내 치즈를 옮겼을까』 이야기를 꺼내자 나도 모르게 짜증이 나서 이렇게 대꾸하고 말았다. "그런 얄팍한 책, 나는 두 시간이면 쓰고도 남겠다." 친구의 얘기를 들어볼 생각도 하지 않은 채 덮어놓고 무시했다. 아마도 베스트셀러라는 것에 대한 반발감에 더욱 그랬을 것이다. 나중에 생각해보니까 내가 느낀 반감의 대부분은 성공에 대한 시기심이었다. 어쨌든 그러고 바로 동창한테 한 방 먹었다. "나 오늘 시간 많은데, 네가 두 시간 만에 이렇게 쓰나 못 쓰나 내기해볼까?"

## 감정이 감정적으로 흐르면
## 감이 흐려진다

———

그 후에 『배려』라는 책을 쓰기 위해 전전긍긍할 때, 참고도서로 『누가 내 치즈를 옮겼을까』를 다시 만났다. 가벼운 마음으로 읽기 시작했지만 페이지를 넘길수록 얼굴이 뜨거워졌다. '얄팍한 두께' 로 어림짐작해 만만하게 여길 책이 결코 아니었다.

그 책을 하루 종일 붙잡고 앉아 있었다. 다음날도 손에서 뗄 수가 없었다. 이렇게 편안한 내용과 단순한 메시지로, 어떻게 이토록 범용성 있는 이야기를 풀어냈을까? 어떻게 어느 누구라도 자기 상황에 맞춰 받아들일 수 있는 깨달음을 이토록 정교하게 담아낼 수 있었는지 짐작이 가지 않았다. '두 시간이면 쓰고도 남을 줄 알았던 책'이 평생 동안 써도 이르지 못할 것 같은 요원한 경지로 변하는 순간이었다. 시기심을 넘어서자 비로소 단순함의 위대함이 눈에 들어왔다.

알고 보면, 진리의 요체는 단순 명쾌하다. 굳이 책이 아니라 이야기를 들어봐도 구분할 수 있다. 뭔가를 제대로 아는 사람치고 복잡하게 말하는 이가 없다. 현란하고 복잡하게 설명해서 뭐가 뭔지 알기 어렵다면 둘 중 하나다. 알지도 못하면서 흉내를 내거나 사기를 치는 중이거나. 만일 『누가 내 치즈를 옮겼을까』를 끝끝내 펼쳐보지 않았더라면, 지금까지도 '얄팍한 책'으로 우습게 여기고 있었을

지도 모르겠다.

책뿐만이 아니다. 수많은 사람들에게 선택받는 것에는 그만한 이유가 있다. 시기심이나 질투심에 눈이 가려져 제대로 알아볼 생각도 하지 않고, 기피하거나 미워한다면 그 이유가 뭔지 알아볼 수 있는 기회를 스스로 차버리는 것이나 다름없다. '감정'이 지나쳐 '감정적'으로 흐르면 감이 흐려진다.

예전의 내가 그랬다. 뭐가 정말로 좋고 나쁜 것인지 알아보지 못하고 겉모양만 그럴싸한 것을 다른 이에게 강요하며 나의 지식과 교양을 과시하려 했다. 주장이 먹혀들지 않으면 발끈해 상대의 취향을 깔아뭉개기도 했다. 남의 취향의 격을 떨어뜨리면 흔들림 없이 내 취향을 지켜낼 수 있으니, 내가 더 가치 있는 사람이 될 것이라는 '손바닥으로 하늘 가리기'식 자기위안이었다.

## 자존감이 떨어질수록
## 자존심에 집착한다

────

『배려』라는 책을 쓰는 과정에서 알게 되었다. 대화에서 '과도한 일반화 경향'이 자주 나타난다면, 내 기분의 브레이크를 밟고 기어를 중립으로 옮길 타이밍이라는 것을. 예컨대 "이 책의 이런 부분은 설득력이 약한 것 같다"는 정도의 의견이 아니라, "종이 낭비나 하는 이런 책은 뭘 좀 아는 사람이라면 선택할 리가 없지" 하는 식으로 도를 넘는 일반화 말이다.

불안사회를 대표하는 느낌이 '혹시라도 남들이 나를 우습게 여기지나 않을까' 하는 것이다. 그래서 자존심의 깃발을 높이 세우려다 때로는 균형을 잃고 엉뚱한 방향으로 넘어질 때가 있다. 그런 과정에서 곁에 있는 사람들까지 힘들게 한다.

지금 내가 실수하고 있는 건 아닌지 확인해볼 수 있는 기준이 있다. 자존심 대결 가운데 상당수가 취향의 차이에서 비롯된다는 점에 비춰볼 때, 상대의 취향을 부정하고 심지어 바꾸려 하는 중이라면 분명히 실수하고 있는 것이다. 그런 느낌이 들면 재빨리 브레이크를 밟고 기분의 기어를 중립에 놓을 필요가 있다. 중립 기어 상태는 나의 인지능력을 회복하게 해준다.

취향은 별것 아닌 취급을 받을 때도 많지만, 엄밀하게 보면 '늘 준비된 선택'의 다른 이름이기도 하다. 준비된 선택이 길을 만들고 그 길을 따라가는 과정이 결국 우리의 삶이다. 그러니 취향은 자존심 문제이기도 한 것이다. 자존심은 남의 영역을 넘보지 않는 것은 물론 내 영역을 지켜내겠다는 확고한 의지를 바탕으로 한다. 그 의지의 중심에 '긍지'라는 깃발이 있다. 긍지(矜持)는 창(矛)을 손에 쥐었다(持)는 뜻이다. 여기서 긍(矜)은 '창' 모(矛)와 '이제' 금(今)이 합쳐진 것으로, 나라의 중요한 의식에 쓰이는 '의장용 창'을 의미한다. 긍지란 곧, 날이 선 창을 막 쥐었을 때 생기는 느낌이다.

제대로 된 자존감을 가진 사람은 남은 물론, 남의 약점도 함부로 여기지 않는다. 스스로를 존중하며 남들 역시 귀하게 여기는 게 긍지다. 긍지를 가졌을 때 비로소 좋은 것을 알아보는 안목이 생긴다.

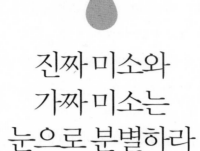

# 진짜 미소와 가짜 미소는 눈으로 분별하라

한 정치인이 자신의 지역구에서 열린 대형 행사에서 축사를 맡았다. 행사장에 도착하니 많은 시민들이 모여 있었다. 무대 위에서 마이크를 잡은 사회자가 멀리서 그를 알아보고 사람들에게 소개했다. "이 자리가 있기까지 힘써주신 오늘의 주역 ○○○ 의원님이 도착하셨습니다!" 우레와 같은 박수가 퍼졌다. 환하게 웃는 사람들 모두가 행복해 보였다. 정치인은 벅차오르는 감동을 받았다. 그는 유권자들에게 다가가 몇몇 사람에게 악수를 청했다. 그런데 어쩐지 느낌이 이상했다. 모두 웃고는 있지만 뭔지 모르게 어색했다.

간단하게 축사를 마치고 대기실에서 주최측 사람들과 커피 한잔 마시고 일어서려는데 갑자기 바깥이 시끄러워졌다. 요란한 함성이 매우 길게 이어졌다. 유명 아이돌그룹이 도착했다는 것이었다. 정치인은 '어쩐지 이상했던 느낌'의 이유를 비로소 알았다. 시민들이 반갑게 웃은 것은 그 때문이 아니었다. 아이돌그룹이 나타난다는 기대감에 들떠 있다가, 마침 사회자가 오늘 행사를 만든 사람이라고 소개하니 박수를 보내주었을 뿐이다.

그럼에도 낙담을 딛고 일어선 그는 씩씩한 목소리로 주최측 대표에게 말했다. "우리 딸도 팬인데 아이돌그룹 사인 좀 받읍시다."

### 진짜 미소인지 아닌지는
### 눈이 먼저 말한다

———

나는 사람들 앞에 섰을 때, 썰렁한 농담에도 웃는 사람들을 보며 "강연, 별로 어려울 거 없네" 하는 어이없는 자신감을 갖기도 했다. 물론 그 웃음이 자연스럽지 않다는 느낌은 있었지만, 당시에는 그다지 중요하게 여기지 않았다.

그 이후 사람들의 웃음에 '정말로 즐거워 웃는 웃음'과 '예의로 보여주는 웃음'이 따로 있다는 사실을 알게 되었다. 그래서 이제는 '웃음 노동'을 유발하는 억지 농담은 피하려 노력하는 중이다. 웃음에서는 눈이 주인공이다. 우리의 감은 상대의 눈가를 보고 진짜 웃음인지 아닌지를 느낀다.

사람이 미소를 짓기 위해서는 16개의 근육을 움직여야 하는데 그중에서 '눈둘레근'은 다른 근육들과 다르다. 눈가에 있는 이 근육은 웃음이 절로 나올 때만 반응할 뿐, 사람의 의지로 움직이기가 어렵다. 따라서 눈가를 유심히 보면, 감이 아니라 의식적으로도 대부분의 '예의상 미소'를 알아차릴 수 있다. 입꼬리를 치켜 올려 웃음을 짓더라도, 눈썹이 아래로 처지며 동시에 양쪽 뺨이 올라가지 않는다면 그것은 틀림없는 예의상 웃음이다.

> 당신의 진정한 모습은 당신이 반복적으로 행하는 행위의 축적물이다.
> 탁월함은 하나의 사건이 아니라 습성인 것이다. _아리스토텔레스

사람에겐 상대의 눈을 보고 마음을 짐작하는 능력이 있는데, 이는 "눈빛을 읽는다"는 말로도 통한다. 그래서인지 마주하고 앉으면 얼굴 중 눈가에 초점을 맞추게 된다.

심리학에서는 진짜 미소를 '뒤셴 스마일Duchenne smile', 예의상 미소는 '팬 아메리칸 스마일Pan-American smile'이라고 부른다. 뒤셴 스마일이란 미소를 처음 학문적으로 연구한 심리학자 뒤셴의 이름을 딴 것이고, 팬 아메리칸 스마일은 팬아메리칸항공사 스튜어디스들이 손님에게 짓던 업무형 미소에서 비롯된 말이다.

## 눈을 읽으면
## 마음속 목소리가 들린다

———

진짜 미소와 예의상 미소에 한 가지를 추가한다면, '악의를 가리려는 미소' 정도가 될 것이다. 해맑게 웃는 웃음에 흉기 같은 의도를 감춘 사람도 있다. 감이 좋은 사람은 그런 웃음을 보면 슬슬 피해 멀리 떨어진다. 가까이 지내서 좋을 일이 없다는 느낌을 강하게 받기 때문이다.

우리는 상대의 얼굴, 그중에서도 눈가의 반응을 통해 그의 마음을 들여다볼 수 있다. 나뭇가지의 흔들림을 보고 바람을 인식하는 것과 비슷한 맥락이다. 상대의 눈 주변을 자세히 관찰하면 그가 언제 기쁘고 슬픈지, 무엇을 좋아하며 싫어하는지를, 말로 표현하기 어려운 어떤 감으로 느낄 수 있다. 그것이 상대를 이해하는 출발점이다.

우리가 눈의 어느 부분에서 어떤 특성을 감지하는지에 대해서는 아직까지 명쾌하게 밝혀진 바가 없다. 다만 상대가 미묘한 방식으로 눈을 움직이는 순간, 그 신호를 해석해 어떤 느낌을 받게 되는 것으로 추정된다.

독일 막스플랑크 인지능력 및 뇌과학 연구소는 대략 생후 7개월 된 아기들도 무의식적으로 눈을 보고 사람의 감정을 짐작한다는 사실을 밝혀냈다. 일반적인 사람들에 비해 마음을 읽는 감각이 매우 뛰어난 사람을 주변에서 어렵지 않게 발견할 수 있다. 가까운 친인 척이나 선후배 중에도 이런 사람이 꼭 한두 명은 있다. 대개는 일찌 감치 고생문을 통과해본 사람들이다.

　편편치 않은 환경에서 혼자 힘으로 버텨내려면 주변 사람들의 눈 빛과 미소가 정말로 우호적인지 아닌지부터 판단해야 했을 것이다. 그러기 위해선 느낌 안테나를 바짝 세워 사람들의 마음속 목소리에 주파수를 맞춰야 했을 테고, 그렇게 갈고닦은 탁월한 감이 나중에 는 소중한 자산이 되었을 것이다.

# 자신의 내면과
# 마주하는 것이
# 진짜 용기다

현장 근무에 싫증난 건설사 직원이 있었다. 타지에서 몇 달씩 지내야 하는 불편이 지겨웠고, 무엇보다도 본사와 현장 인력들 사이에서 샌드위치 신세로 스트레스를 받는 데 지쳐버렸다. 무슨 일만 생기면 양쪽 모두가 그를 만만하게 보고 책임을 덮어씌우려는 것 같았다. 그런 삶을 바라고 어렵게 대기업에 입사한 것은 아니었다. 그는 고심 끝에 회사에 사표를 냈다. 더 나은 일, 보람 있는 일, 사람들에게 인정받는 일을 하고 싶었다.

"성공한 사람들이 단골로 하는 말이 있죠? '답은 네 안에 있다. 내면에 귀를 기울이고 그 길을 따라가라'고 말이죠. 그런 말이 가장 혐오스러웠어요. 정작 내면을 어떻게 봐야 하는지는 알려주지도 않고, 공허한 얘기들만… 결국 뜬구름 잡는 소리잖아요."

## 진짜 나를 외면하게 만드는
## 가면과 색안경

———

그는 현실적인 선택을 했다. 경영학 석사(MBA) 학위를 취득하면 목표에 다가갈 수 있을 것 같았다. 1년 반 동안 열심히 준비한 끝에 경영대학원에 진학할 수 있었다. 지금의 처지가 만족스럽지 못하다면 자기 기분의 밑바닥을 들여다봄으로써 왜 그런지를 알 수 있다. 뇌과학자 안토니오 다마지오는 '느낌이야말로 내부를 탐색하는 심리적 감지기이자 진행중인 활동의 목격자이고 파수꾼'이라고 정의한다.

하지만 우리들 대부분이 내가 아닌, 남의 입장이 되어 나를 느끼는 데 익숙해져 있다 보니 그게 '진짜 나'라고 생각한다. 남들에게 좋게 보이도록 가면을 쓰는데, 이 가면이 바로 '페르소나Persona'다. 많은 이들이 폼 나는 일을 맡거나 높은 자리에 오르면 사람들에게서 인정받을 거라고 믿는다.

우리는 또한 '콤플렉스'라는 색안경을 쓰고 세상을 바라본다. 페르소나 가면이 나를 멋지게 보이려는 시도라면, 콤플렉스라는 색안경은 부끄러운 나를 돌아보지 않으려는 선택이다. 하지만 내가 나를 좋아해주지 않으면 나의 심사는 뒤틀릴 수밖에 없다. 엄마의 사랑을 받지 못한 아이가 엇나가는 것처럼, 뒤틀린 나는 사람들에게 외면을 받기에 더욱 스스로가 마음에 들지 않게 된다.

> 나는 진정 내 속에서 저절로 우러나오는 것, 바로 그것을 살아보려고 했다.
> 왜 그것이 그토록 어려웠을까? _헤르만 헤세, 『데미안』 중에서

MBA 학위를 취득한 그가 새로 입사한 곳 또한 대형 건설사였다. 마케팅이나 경영기획 쪽의 일을 하고 싶었지만 바람대로 풀리지는 않았다. 이번에는 '경영학 석사 학위를 가진 현장 파견 사원'이 되었다. 그러나 전의 직장과 달리 마음속이 들끓지는 않았다. MBA 학위 때문에 특별대우를 받아서가 아니었다. 현장 분위기는 전이나 지금이나 큰 차이가 없었다. 다만, 그 스스로가 예전과는 다른 태도를 갖게 된 게 가장 중요한 차이였다.

예전 직장에서는 모든 게 불만스럽기만 했다. '나는 이런 일이나 할 사람이 아닌데, 왜 모두가 나를 우습게 보는 것일까.' 머릿속에 온통 이런 생각이 가득 차 있으니 은연중에 태도로 드러날 수밖에 없었던 것이다. 새파랗게 어린 사원의 비딱한 태도는 현장에서 잔뼈가 굵은 협력업체 직원들이나 본사의 눈치 빠른 사람들에게 고스란히 읽히게 마련이다.

그는 학교로 돌아가 경영학 석사 과정을 밟던 중에 자신에 대해 깨달았다. 거창한 뭔가를 배울 거라고 기대했던 MBA는 남들의 성공이나 실패 사례를 집중적으로 분석하는 코스였다. 국내외의 잘 나가던 사람들이 어떻게 성공하고 어떻게 실패했는지 살피는 과정에서 사람들을 이해하는 동시에 스스로를 돌아볼 수 있었다. 막연했던 가능성들을 하나씩 지워가는 과정에서 '실제의 나'를 본의 아니게 발견하게 된 것이다.

그는 어릴 때부터 주뼛대던 성격 탓에 남들에게 어떻게 보일지를 의식하며 살아왔지만, 그 대신 세세한 부분까지 잘 챙긴다는 장점 또한 지니고 있었다. 스스로를 받아들이고 나니 남들의 시선이 예전처럼 따갑게 느껴지지 않았다.

진정으로 우리 자신인 것만이
치유하는 힘을 갖고 있다. _칼구스타프융

페르소나 가면과 콤플렉스 색안경을 인식하지 못하는 한, 우리는 매번 같은 선택을 하고 똑같은 불평과 후회를 되풀이할 가능성이 크다. 처우가 불공평하다며 퇴사한 동료는 새로 옮긴 곳에서도 똑같은 불평을 늘어놓는다. 관심 부족이 늘 불만이었던 여성은 새 남자친구를 사귀어도 금세 외로워진다. 언제나 약속시간에 늦는 사람은 허술한 시간관념 때문에 늘 안 좋은 평가를 받는다. 이렇게 되면 내 문제를 남들과의 갈등관계로 해석하고, 엉뚱한 쪽에 신경을 곤두세우게 된다.

## 자신의 밑바닥이 어딘지
## 확인해야 하는 이유

"답은 네 안에 있다"는 말은 진실이지만, 지나치게 보편적인 가르침이다. 때로는 구체적으로 알려줘도 듣는 쪽에서 받아들이지 못하니 소용이 없을 때가 많다. 나는 가끔 '타임머신을 타고 과거로 돌아간다면 무엇부터 해볼까' 하는 상상을 한다. 결론은 언제나 같다. 과거의 나를 만나 "왼쪽 다리를 혹사시키지 말라"고, "그러다 나중에 정말 고생한다"고 전해주고 싶다.

군대에서 오른쪽 무릎에 부상을 입고, 제대 후에 등산을 갔다가 다시 다친 뒤로는 왼쪽 다리로만 몸을 지탱하게 됐다. 깁스를 푼 지 며칠 안 됐을 때 계단을 조심조심 내려오는 내 모습을 보고, 예전부터 마음에 두었던 여자애가 "뭐야? 선배, 병신 됐네?" 하고 깔깔대며 웃었다. 그 일을 계기로 왼쪽에 더욱 의지해 계단을 뛰어내려오는 습관이 붙었다. 마침내 성했던 왼쪽 다리가 부상을 당했던 오른쪽 다리보다 더 안 좋아졌다.

하지만 타임머신을 타고 돌아가 "왼쪽 다리를 혹사하지 말고 오른쪽 다리의 근력을 키우라"고 그때의 나에게 이야기한들, 귓등으로도 듣지 않을 것임을 이제는 안다. 그 시절은 '뭐야? 선배, 병신 됐네?' 하는 울림에 한참 휘둘리는 시기였기 때문이다.

뭔가에 휘둘리는 느낌이라면 왜 그것을 그토록 좋아하는지, 아니면 죽어라 싫어하는지 그 느낌이 찍어온 점들의 궤적을 살펴봐야 한다. 그러면 내가 어떤 색안경과 가면을 쓰고 있는지를 잠재의식에서 끌어낼 수 있다. 그것을 깨달아야 아팠던 기억을 내면의 힘으로 바꾸는 용기가 생긴다.

외부로 향해 있던 느낌 안테나를 내면으로 향하게 함으로써 그 발원지를 찾아가는 내 마음의 오디세이를 시작할 수 있다. 그 과정을 통해 '내가 왜 이러는지'를 알고, 그것을 솔직하게 받아들이는 용기를 낼 수 있다. 그리고 '더 자란 나'를 만나게 된다.

영혼이 자라 어른이 된 사람만이 자기 느낌의 밑바닥을 볼 수 있고, 내가 나를 제대로 알아봐줄 때 비로소 진정한 나 자신이 될 수 있다.

# 남의 마음을
# 꿰뚫어 보는
# 감각 단련법

성이 박씨인 영화 마니아 친구가 한 명 있는데, 그는 절친들 사이에선 '박-해우소(解憂所)'로 통한다. 예전에 유명 사찰에 함께 들렀다가 돌연 볼 일이 급해진 그가 해우소를 실제로 이용하면서 붙은 별명이다. 절에서는 화장실을 해우소라고 부르는데, 그 뜻이 '걱정을 푸는 곳'이라니 대단한 통찰이 아닐 수 없다. 박-해우소는 영문을 모르는 사람이 물어오면 "원래는 박하우스(독일 출신의 전설적 피아니스트)인데 이 무식한 놈들이 멋대로 부르는 것"이라고 둘러댄다.

그는 어떤 영화에 '삘'이 꽂히면 열 번이고 스무 번이고 되풀이해서 보는 습관이 있었다. 두어 번이면 모를까, 그렇게까지 반복해서 보는 건 시간낭비 아니냐고 물으니, 영화가 볼 때마다 달라진다고 답한다. 그때마다 새로운 장면이 눈에 들어오고, 전에는 이해하지 못했던 부분을 깨닫는 묘미가 있다는 것이다.

박-해우소는 별명답게 실제로도 해우소 역할을 해준다. 맥주 한 잔하며 어울리다 보면 뱃속의 답답함을 그가 가져가 준다. 깜짝 놀랄 만한 솔루션을 주는 것은 전혀 아니다. 잡담과 걱정을 비빔밥처럼 섞어 나누는 과정에서 속이 편안해지는 것이다. 물론 그의 주 레퍼토리는 영화 이야기다.

그가 영화를 반복해 보는 포인트는 매번 다르다. 처음에는 스토리 위주로 보고, 그다음에는 주요 인물의 심리와 관계, 갈등을 살핀다. 순차적으로 감독의 의도와 복선처럼 테크니컬한 부분을 분석한 뒤에는, 씬이나 카메라 워크, 음악까지 세밀하게 감상한다. 그렇게 하면 영화를 그야말로 깊게 볼 수 있는데, 좋은 영화는 볼 때마다 색다른 즐거움을 발견하는 맛이 있다고 한다.

## '화장실의 현자'가 가르쳐준
## 냄새 맡는 기술

나는 박-해우소를 '화장실의 현자'라고 부른다. 발동을 걸면 이야기가 장황해지는 측면은 있으나, 또래의 보통 사람에게선 엿볼 수 없는 깊이가 있다. 마음이 복잡하고 우울할 때 그를 만나면 장광설 속에서 진주를 발견할 때가 종종 있다. 아내와 별거 직전이었던 친구 하나는 "네 마누라에게, 너는 단 한 번이라도 따뜻한 연탄재였던 적이 있었을 것 같냐"며 따지는 박-해우소에게 반박하지 못하고 새벽 꽃시장에 들러 아내를 위한 꽃을 사갔다.

영화를 여자 주인공의 관점으로 다시 보면 전혀 다른 느낌을 받을 때가 있다. 남자 주인공에겐 당연했던 선택이 여자 입장에선 불신과 좌절, 분노를 촉발할 수도 있다. 웃는 듯 우는 듯했던 그녀의 복잡미묘한 감정 표현을 이해하는 순간, 뭉클한 감동이 뒤늦게 찾아오기도 한다.

박-해우소는 친구들의 냄새를 슬며시 맡고는 답답한 속내를 풀어놓기 편하게 멍석을 깔아준다. 그리고 어떤 말이 친구에게 궁극적으로 도움이 될지를 안다. 그 흐름이 무척이나 자연스러워서 연출인지 우연인지 분간이 안 될 때가 많다.

아마도 영화 속 다양한 인물들의 입장을 헤아리며 다져진 내공일 것이다. 영화는 시간대비 효율성이 가장 높은 볼거리다. 몇 대에 걸친 서사든, 몇 시간 동안 일어난 일이든 이야기 전체를 불과 두 시간 만에 살펴볼 수 있으니 말이다. 영화는 주인공 인생의 결정적인 단면을 들여다보게 해준다. 반복해서 볼수록 여러 사람의 삶을 살피게 되고 각각의 입장이 어떻게 어우러지는지 복합적으로 관조할 수 있게 된다.

책도 마찬가지다. 반복해 읽는 과정에서 줄거리와 내용은 물론, 행간에 생략되어 있는 작가의 느낌에 공감하며 대화를 나눌 수 있다. 자꾸 읽다 보면 책이라는 만화경을 통해 세상과, 그 속의 나 자신을 들여다보게 된다. 나 자신을 되돌아보게 하는 책이 여러 번 읽게 되는 책이다.

## 넓고 깊게 보는 '3차원 감'은
## 숱한 반복을 통해 벼려진다

볼거리와 읽을거리가 차고 넘쳐나는 세상이다. 오히려 너무 많아서 무심하게 넘겨버린다. 궁금하면 검색해서 '몇 마디 요약'을 찾아내고, 그걸 대충 보고는 '다 안다'고 생각한다. 그래서 과정과 그 과정을 형성하는 삶의 경이로운 디테일들을 간과한다. 그 결과, 두루 아는 것은 많으나 깊이 깨달은 바는 부족한 1차원적인 생각이 차고 넘친다.

숱한 반복을 통해 생각과 태도에 배는 게 입체적 감이다. 입체적 감은 인터넷에서 찾은 '몇 마디 요약'과는 반대다. 여러 번 깊이 보고도 '여전히 궁금한 부분'을 거듭 생각한다. 그렇게 키운 입체적 관찰력이 현실에서 펼쳐지는 리얼 드라마 속에서도 경이로운 디테일들을 순식간에 찾아낸다. 그런 과정 또한 감동이며 즐거움이다.

삼성의 이건희 회장도 영화를 반복해서 봤다고 한다. 시각을 바뛰가며 보면 자기 가치만을 기준으로 생각하는 한계에서 벗어날 수 있다는 게 이 회장의 지론이다. 영화를 반복해 보는 과정에서, 마음을 흔들어놓는 대사 한마디를 전하는 주인공의 심경을 헤아리게 될 때가 있다. 시나리오 작가와 감독이 그 대사를 위해 얼마나 고민했을지, 몇 번을 고쳤을지에 대해서도 상상해본다.

상상력은 부자들의 비밀 저수지다. _모드 L 프란드슨

감정은 억누르는 것만이 능사가 아니다. 공자도 "희로애락이 발현되지 않은 상태를 '중(中)'이라 일컫지만, 희로애락이 발현되더라도 상황에 들어맞는다면 '화(和)'"라고 했다. 상황에 어긋나지 않는 한, 적절한 범위 안에서 감정을 표현하는 게 인간이 자연과 조화를 이루는 도리라는 것이다. 너무 좋아도, 너무 싫어도 조금씩 덜어내어 '마음의 중립기어'를 확인할 필요가 있다는 얘기이기도 하다. 중립기어는 상대를 입체적으로 보며 그 마음속까지 살펴보는 안목을 허용해준다.

신기하게도, 입체적으로 상상해보는 기회를 많이 가질수록 주변 사람들과의 관계가 편해진다. 연인이나 친구, 동료가 어떤 기대를 품고 말을 걸어올지 짐작이 가는 경우가 많아진다. 이처럼 감은 다양한 차원의 상상력을 통해 벼려지는 것이다.

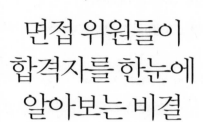

# 면접 위원들이 합격자를 한눈에 알아보는 비결

출발하려는 KTX에 올라탄 청년이 성큼성큼 다가와 창가 자리쪽 노인에게 말을 걸었다. "할아버지, 여기는 제 자리인데요." 그러자 노인이 대답했다. "응? 내 자리가 맞는데?"

술냄새가 많이 났다. 술기운에 내키는 대로 앉은 모양이라고 짐작하려는 찰나, 노인이 주머니에서 주섬주섬 표를 찾아 내밀었다. 좌석번호가 청년의 것과 똑같았다. 청년이 두 개를 번갈아 살펴보고는 미스터리를 풀어냈다. "이건 다음 열차 표인데요. 잘못 타셨네요." 그러고는 당황한 노인을 안심시켰다. "괜찮습니다. 앉아계세요.

승무원이 오면 제가 얘기해서 해결해볼게요."

빈 자리가 없어 서 있던 청년에게 노인이 말을 걸었다. "자네, 몇 살인가? 회사 다니나?" 청년이 쾌활한 목소리로 대답했다. "스물여덟입니다. 졸업했고요, 입사시험 면접을 마치고 집에 내려가는 길입니다."

"응? 그랬어? 내가 자네 나이였을 때는 말이지…." 노인의 고생담 겸 무용담이 시작되려는데 승무원이 나타났다. 청년은 자리를 노인에게 양보하고는 승무원의 안내를 받아 다른 칸으로 옮겨갔다.

그 청년은 어떻게 됐을까? 입사면접을 통과해 직장인으로 첫발을 내딛었을까? 합격 여부는 알 수 없지만, 그가 보여준 바른 태도가 뇌리에 또렷하게 남았다. 짧은 순간이었지만 한 청년의 인간됨을 짐작하기에는 충분한 시간이었다.

## 걱정과 불안은
## 감을 섬세하게 세공한다

———

공교롭게도 KTX를 탔던 날 신문의 칼럼에도 입사 면접 이야기가 실렸다. 어느 언론사의 신입 기자 면접에 여학생 둘이 비슷한 점수로 올라왔다는 것이었다. 당락은 두 학생이 면접을 마치고 떠나면서 했던 말에서 갈렸다. 한 명은 "수고하세요"라고 했고, 다른 한 명은 "고맙습니다"라고 했다. 면접 위원들은 '고맙습니다' 쪽에 점수를 줬다고 한다. '수고하세요'는 윗사람에게 해선 안 되는 말이다.

면접 위원들은 지원자가 지니고 있는 역량만 보는 게 아니라, '지원자가 다른 사람을 어떻게 보는가' 또한 중점적으로 살핀다. 그 여학생이 언론사 면접을 준비하면서 말실수 걱정을 안 했을 리가 없다. 하지만 잘 해내겠다는 생각에만 쫓기면 실수가 생긴다. 걱정과 불안에는 실수를 예방하는 효과가 있다. 불안하거나 걱정될수록 꼼꼼하게 따지고 챙기는 성실함을 발휘할 수 있기 때문이다.

불안은 도덕성과도 높은 연관관계가 있다. 사람은 불안에서 벗어나기 위해 윤리적인 선택을 한다. 혹시라도 다른 이에게 폐를 끼치지 않을까 하는 걱정 때문에 스스로를 돌아보고 단속하는 것이다. 따라서 걱정과 불안은 고도의 감이며, 주변의 작은 변화도 캐치할 수 있는 예민함이다.

하지만 이런 고도의 감을 자유자재로 활용하는 사람은 많지 않다. 예상치 못했던 상황에 부딪히면 평소의 습관이나 태도가 부지불식간에 나오게 마련이기 때문이다.

### 공감 주파수를 맞추는 사람이
### 인정받는 세상

——

굴지 기업의 인사 담당자는 "면접에서 몇 마디만 들어보면 뽑힐 만한 사람을 바로 알 수 있다"고 말한다. 자기소개서나 적성검사 같은 관문을 통과한 취업준비생들의 실력과 자질은 대동소이해 큰 차이가 안 나는 반면, 상대로 하여금 다가오게 하는 호감, 즉 인간적 매력에서 눈에 확 들어오는 몇몇이 꼭 있다는 것이다.

호감은 그의 됨됨이에서 나온다. 스스로를 돌아보며 인간과 세상에 대해 깊이 생각해온 사람만이 가질 수 있는 철학적 성숙함이기도 하다. 담당자의 표현을 빌리자면 '한 인간이 보여줄 수 있는 삶의 종합예술'이다. 그런 종합예술이 단적으로 드러나는 게 말과 태도에 자연스럽게 배어 있는 예의다.

> 성공의 비결은 고통이나 즐거움이 당신을 이용하게 하지 않고
> 당신 자신이 고통이나 즐거움을 이용하는 법을 배우는 것이다.
> 그렇게 하면 당신은 삶을 통제하게 되고,
> 그렇게 하지 못하면 삶이 당신을 통제하게 된다. _앤서니 로빈스

한 사람의 예의에는 살아오면서 쌓아온 걱정과 불안, 고민은 물론 철학적 성숙함이 빚어낸, 주변을 배려하는 윤리의식이 고스란히 담겨 있다. 이는 짧은 시간에 습득할 수 있는 요령 같은 게 아니다.

이처럼 균형 잡힌 정신을 말과 태도를 통해 확인하는 게 이른바 면접이다. 면접은 곧 자신의 걱정과 불안을 어떤 태도로 마주했으며, 그 과정을 통해 스스로는 물론 주변을 책임질 수 있는 어른이 되었는지를 보여주는 자리다.

KTX에서 만났던 청년처럼, 진심을 담아 사람들을 대하는 태도가 앞으로는 더욱 사랑받을 것이다. 왜냐하면, 휴대폰 또는 컴퓨터 화면이 사람 얼굴보다 익숙해진 세상에서는 누군가와 공감 주파수를 맞출 줄 아는 이가 점점 귀해질 것이기 때문이다.

# 낯섦과
# 불편함이 잉태한
# 창조적인 삶

웬만한 생필품은 인터넷 주문으로 구매하지만, 붐비지 않는 시간대에 대형마트를 둘러볼 때가 있다. 천천히 살피며 아내의 얘기를 듣다 보면 새로운 관점을 얻기도 한다. 과일 코너를 둘러보던 아내가 말한다. "밥부터 먹고 과일을 먹는 것보다, 과일 먼저 먹는 게 건강에도 좋다던데." 또는 와인잔을 기웃거리다가 "여기에 소주를 따라서 마시면 어떤 느낌이 들까?"라며 궁금해한다.

엉뚱한 얘기 같은데 가만히 듣고 있으면 일리가 있다. 규칙 중에는 '남들이 그러니까' 무작정 충실하게 따르고 있는 것들이 적지 않다. 그래서인지 규칙에서 벗어나 안 하던 선택을 해보는 것만큼 기분을 확 바꿔주는 게 없다.

## 때론 규칙을 파괴하고
## 파격을 경험하라

IT제품 코너를 둘러보면 세상의 빠른 변화가 실감난다. 디지털 시대가 도래한 뒤로는 자고 일어날 때마다 낯선 상품이 쏟아진다. 얼마 전까지는 상상하지 못했던 주먹만 한 사이즈의 휴대용 스피커와 초등학생 공책보다 얇은 태블릿 컴퓨터, 요란한 색의 노트북 PC들이 줄을 지어 있다.

새로운 것은 낯선 것이며, 낯선 것은 익숙하지 않으니 불편함과 통한다. 그런데 불편함은 그것을 해소하기 위해 뭔가를 만들어내는 창조적인 속성을 지니고 있다. 사람이란 원래 불편함을 조금이라도 덜어내고 어떻게든 편해지려는 적극성을 발휘하는 존재이기 때문이다.

주먹만 한 휴대용 스피커만 봐도 그렇다. '스피커란 집에 두는 것'이라는 규칙을 파괴했다. 스마트폰과 콤비를 이루니 와인잔에 소주를 따르는 것 같은 낯선 매칭이다. 태블릿 컴퓨터도 마찬가지다. 컴퓨터는 '키보드와 마우스로 작동하는 것'이라는 규칙을 깨버렸다. 컴퓨터의 화면에 스마트폰의 운영체제를 갖다 붙임으로써 새로운 가능성을 열었다.

대형 마트를 구경하다 보면, 이처럼 색다른 매칭이 만들어낸 낯선 세계가 곧잘 눈에 들어온다. 다양한 제품들을 눈으로 보고 손으로 만지면서 '나도 뭔가 시도해봐야겠다'는 자극을 받는다. 전문가들이 만들어낸 창조물들, 낯선 조합이 만들어낸 신선한 자극이 오감을 자극하고, 이것이 상상력을 일깨우기 때문일 것이다.

저녁 모임에서 이 얘기를 꺼냈더니 예상 외로 많은 사람이 "쇼핑을 하면서 아이디어를 얻을 때가 많다"며 공감했다. 옷을 고를 때도 '남다른 감각적 매칭'이라는 창의성을 발휘하게 된다는 것이다. 이런 식으로 나를 다른 그릇에 담아보면, 나의 낯선 가능성을 발견할수 있다. 그러기 위해선 먼저 기존의 규칙부터 파괴해야 한다.

우리의 진정한 모습은
능력이 아니라 선택에서 나온다. _영화「해리포터」중에서, 덤블도어 교수


미국 프로 야구의 가난한 구단, 스타플레이어 한 명 없는 꼴찌 팀을 새로 맡은 단장에게는 '뾰족한 수단'이 시급했다. 그는 연간 4,000만 달러의 예산으로 2억 2,600만 달러를 쓰는 스타 구단들과의 경쟁에서 승리해야 했다. 그는 먼저 남들과 같은 방식으로는 이길 수 없다는 사실을 받아들였다. 그의 이름은 빌리 빈, 오클랜드 프로야구단의 단장으로 1999년에 취임했다.

고심을 거듭한 끝에 색다른 선수 선발 기준을 만들었는데, '출루율'을 보는 것이었다. 그때까지만 해도 출루율은 장타력이나 빠른 발 등에 비하면 하찮게 여겨지는 항목이었다. 당시 프로구단들은 훤칠하고 잘 빠진 모델 체형의 선수를 선호했기 때문에, 공을 잘 던지거나 잘 쳐내도 이 기준에 맞지 않으면 뽑아주지 않았다.

하지만 빌리 빈은 그런 암묵적 규칙을 무시한 채 오로지 출루율 하나만을 적용해 선수를 뽑았다. 그 결과 뚱보, 말라깽이, 송구 못하는 포수, 절뚝대는 안짱다리 등 선수들 사이에서 무시당하던 이들이 대거 선발됐다. 빌리 빈이 아니었더라면 메이저리그에는 얼씬도 못했을 이들이다. 규칙 파괴가 색다른 매칭으로 이어진 것이다.

이들은 승리의 규칙도 파괴했다. 2000년과 2001년, 2년 연속으로 플레이오프 진출에 성공했으며, 100년이 넘는 아메리칸리그 역사상 그 어떤 팀도 세우지 못했던 20연승 기록을 달성했다. 빌리 빈의 성공은 야구에 대한 통념을 통쾌하게 무너뜨렸다. 그전까지 사람들은 누가 홈런을 많이 치고, 어떤 투수가 빠른 공을 던지는가에만 관심을 기울여왔다. 어려서부터 각광을 받던 천재들이 언제나 스포트라이트의 중심에 서 있었다. 그러나 빌리 빈과 오클랜드 구단은 자주 출루해서 점수를 내는 선수 또한 훌륭한 선수라는 점을 모두에게 일깨워주었다. 그런 선수들은 성실하고 매 경기에 집중하는 평범한 사람이라는 공통점을 갖고 있었다.

빌리 빈은 그 스스로가 걸어온 길도 색달랐다. 그는 어릴 때부터

촉망을 받아 프로야구선수가 되었지만, 자기 적성에 맞지 않는다는 생각에 스스로를 '다른 그릇'에 담기로 결심했다. 그 선택이 오클랜드 구단의 전력 분석가 자리였다. 이런 이색 경력이, 스타성이 떨어지는 선수들을 영입해 경기 운영 위주의 플레이를 펼치는 파격을 가능하게 했던 것이다.

## 발전을 이끄는 것은
## 해답이 아닌 질문이다

———

남들이 감히 시도해보지 않은 낯선 것들의 매칭을 통해 가능성을 떠올려보는 것은 분명 이성보다는 감의 영역이다. 새롭고 낯설며 심지어는 불편한 경험을 어떻게 받아들이고 정착시키느냐에 따라 그 이후의 궤도가 달라질 수 있다. 창의적인 아이디어 가운데 상당수는 '평소와 다른 경험'을 '평소 하던 일'로 연결시켜줌으로써 규칙 파괴와 낯선 매칭이라는 변화의 경로를 만들어간다.

우리는 해답들을, 모든 해답들을 배웠다.
우리가 모르는 것은 질문이다. _아치볼드 매클리시

삶의 막다른 골목을 만나 무엇을 어떻게 해야 할지 모르겠다면, 당장의 해답을 찾는 데 급급하기보다는 시장이나 마트를 돌아다니며 살피고 생각하는 '우회경로'가 나은 방법일 때가 있다. 세상에는 수많은 낯선 것들이 하루가 다르게 늘어나고 있으니 그것들에게서 다채로운 영감을 얻을 수 있다. 평소와 다른 패턴이 느낌 안테나를 자극하게 되면 우연한 기회를 잡아채는 행운으로 연결되기도 한다.

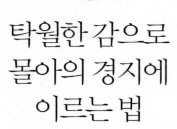

# 탁월한 감으로
# 몰아의 경지에
# 이르는 법

고양이는 세수를 자주 한다. 혀로 핥은 앞발을 이용해 얼굴을 닦는다. 세수의 가장 중요한 목적은 '수염 손질'이다. 앞에서 언급한 것처럼 고양이의 수염은 고감도 센서다. 고양이가 작은 사냥감의 뒤를 쫓아 좁은 장소를 빠른 속도로 빠져나갈 수 있는 것도 이 수염 센서 덕분이다.

사람에게도 고양이의 세수와 비슷한 일상의 습관이 있다. 이 습관은 '특유의 센서'를 자주 동원해야 하는 전문직 종사자들에게서 특히 많이 나타난다. 상당수의 증권맨이 새벽에 일어나 뉴욕 증시를 체크한다. 뉴욕 시황이 우리 증시에 영향을 미칠 때가 많기 때문에 미리 감을 잡으려는 것이다. 아울러 밤새 입수된 지구촌의 주요 뉴스를 훑어보며 시장심리에 어떻게 반영될 것인지를 점쳐본다.

영업맨은 고객 데이터베이스를 놓고 메모와 대조하며 한 사람씩 분석을 한다. 그러다 보면, 어떤 이에게 연락해 점심약속을 잡는 게 좋을지 감이 온다. 전화를 걸어 대화하는 과정에서 계약을 끌어낼 만한 실마리를 얻기도 한다.

운동선수들 역시 마찬가지다. 그들은 독특한 방법으로 연습을 하며 감을 익힌다. 당구의 여신으로 불리는 자넷 리의 경우, 당구대 위에 입구가 좁은 콜라병을 눕혀놓고 큐 스틱을 입구에 닿지 않도록 찔러 넣는 연습을 하루도 잊지 않는다. 프로 골퍼들은 500원짜리 동전 위에 100원짜리 동전을 겹쳐놓고 퍼터로 100원짜리만 쳐내는 연습을 한다. 페이스의 중심으로 공을 맞히는 감을 예리하게 익히기 위한 연습법이다. 하루라도 연습을 게을리 하면 감이 떨어진다. 모든 운동은 머릿속에 떠올린 느낌이 근육에 기억된 느낌과 일치될 때 땀 흘려 연습한 만큼의 성과를 내준다.

### 감의 단련,
### 무한반복 앞에 장사 없다
———

남다른 감을 이어가는 데는 인내와 절제가 필수적이다. 이름난

셰프 중에 상당수가 아침을 거르고 하루에 두 끼만 먹는다. 그나마
도 소식을 한다. 배가 부르면 미각이 무뎌지기 때문이다. 혀와 코의
감각을 최상으로 유지하기 위해 술과 커피 같은 자극적인 음료도
멀리한다.

학교에서는 먼저 배우고 시험을 친다.
인생에서는 시험을 통해 배우게 된다. _톰 보넷

감은 '수행'을 통해 닦이는 것이기도 하다. 독일의 철학자 오이겐
헤리겔은 일본의 활쏘기를 배우면서 동양의 선사상을 알았고, 거기
서 깨달음을 얻었다. 그는 과녁을 수없이 빗맞히는 과정에서 조급
함부터 내려놓는 법을 익혔고, 같은 동작을 수천 번 반복하며 실수
에 대한 두려움을 떨쳐냈다. 그 후에야 활을 잡는 자세, 시위, 과녁
이 감으로 머리와 몸에 배는 것을 느낄 수 있었다.

과녁을 응시하며, 활시위를 당기고 호흡을 고르는 것은 분명 기
예의 영역이다. 하지만 발사의 순간을 채워 완성시키는 것은 매우
짧은 순간의 느낌이다. 그 느낌이 정확하게 표적에 꽂힐 때의 감각
을 익히는 게 또한 수련이다. 헤리겔은 결정적 순간의 느낌이 중요
하다는 것, 그 느낌을 끌어내기 위해선 먼저 부단한 수련이 전제되
어야 함을 익혔다. 그는 수련을 거듭하며 그 속으로 빠져 들어가 마
침내 몰아(沒我)의 경지를 경험했다.

그때는 기술을 의식할 필요가 없다. '내가 활을 쏘는 것인지, 아니면 활이 나를 쏘는 것인지, 내가 표적을 맞추는 것인지, 혹은 표적이 나를 맞추는 것인지, 육신이 나를 움직이는 것인지, 정신이 나를 움직이는 것인지, 그게 아니라면 둘 다인지, 어쩌면 둘 다가 아닌지, 모든 게 하나로 이어져 서로 분리할 수 없는 것인지' 구분할 수 없는 경지에 다다른 것이다. 그는 내면과 바깥세상이 하나가 되는 경지를 체험하고 스승에게 그 경험을 전했다. "무엇이 저를 움직였는지 모르겠습니다." 스승이 대답했다. "방금 활시위가 그대의 한가운데를 뚫고 지나간 것이지."

## 의사들이 도제 시스템으로
## 움직일 수밖에 없는 까닭은?

———

경험을 쌓을수록 반짝반짝 하는 실력으로 연결시키는 사람이 있는가 하면, 똑같은 것을 보고 겪으면서도 별다른 진전을 보여주지 못하는 사람이 있다. 일의 특성상, 예민한 느낌에 많이 의존해야 하는 직업군은 거의가 도제 시스템으로 노하우를 전수한다.

대표적인 게 의사들이다. 환자의 곳곳을 살펴 정상인지 아닌지를 판별해내는 진단에서부터 수술 때 섬세한 손길로 환부를 째고 자르고 꿰매는 모든 과정에 걸쳐 정교한 감각이 필수적이다. 사람의 생명과 직결되어 있으므로 감이 어긋나서는 안 된다. 말 그대로 '도사'

가 되어야 한다.

　의사들은 또 한편으로는 예측불허 환자들에 시달리며 '도사'로서의 소양을 쌓아간다. 데이터 외에도 감으로 환자를 살펴, 예후가 좋은 환자에게는 처방을 줄이고 뭔가 조짐이 이상한 환자에게는 각별한 주의를 기울인다. 어쩌다 한번씩은 이상하게 자꾸 신경이 쓰이는 환자들이 있다. 컨디션도 썩 나쁘지 않고 검사 결과도 괜찮은데 왠지 무언가가 맘에 걸리는 것이다. 희한하게도 이런 환자에게는 문제가 생길 확률이 크다. 먹지 말라는 것을 먹어 탈이 나거나 다른 급성질환이 나타나 환자 본인이나 담당의사 모두가 힘들어진다.

　탁월한 감은 어쩌다 저절로 생긴 것이 아닌, 철저한 자기관리를 통해 닦고 조이고 기름 친 결과이기도 하다. 일상의 관심과 선택, 훈련이 차근차근 쌓여 나와 세상을 이어주는 신경망이 되어준다. 그리고 부단한 연습과 관리가 이어지며 한층 발달된 감으로 거듭나는 것이다.

# 닿고,
# 쓰다듬고,
# 사랑하라

한 출판사가 독자들을 상대로 체험수기를 공모한 적이 있다. 그중 31세 여성의 에피소드가 눈에 들어왔다. 내용은 다음과 같다.

중학교 2학년 때 친구들과 사이가 틀어져 따돌림을 당했는데, 엄마 아빠도 내 편은 아니었다. 엄마는 성적이 떨어졌다고 펄펄 뛰었고 아빠는 평일에는 회사일로, 주말에는 골프로 집을 비웠다. 내 곁을 지켜준 건 몰티즈 강아지 '마키' 밖에 없었다.

지겨운 학교에서 돌아와 현관문 비밀번호를 누를 때면 안쪽에서 앞발로 문을 긁으며 환영해주는 마키를 느낄 수 있었다. 엄마한테 혼나고 울 때도 마키가 손등을 핥으며 위로해주었다. 성적도, 외모도, 취향도 따지지 않고 나를 좋아해주었다.

마키는 내가 대학 3학년일 때 동물병원에서 숨을 거뒀다. 마키가 더 이상 없는 집에 여전히 마키의 자취는 남아 있었다. 우리 집에 처음 왔을 때 씹어놨던 베란다의 슬리퍼, 옷장 밑에 몰래 남겨놓은 털뭉치, 주인 잃은 사료접시에… 집안 곳곳에 남겨진 생생한 기억까지. 어쩐지 혼자만 남겨졌다는 느낌에 맥없이 슬퍼졌다.

그 후로 힘든 일이 생길 때마다 마키와 함께 보낸 시절이 생각났다. 마키의 감촉을 잊을 수 없다. 실크처럼 부드럽던 순백색의 긴 털, 살살 쓰다듬다 보면 묘하게 슬프면서도 행복한 느낌. 그 감촉이 내 두 손에, 마키와의 추억과 함께 고스란히 남았다.

불교에서는 느낌이 접촉에 의해 발생한다고 본다. 이때 접촉을 팔리어로 '팟사Phassa'라고 한다. 팔리어는 소승불교 경전을 주로 기록한 고대 인도어다. 팟사는 보고 듣고 만지는 접촉을 모두 아우르는 표현인데, 불교 심리학은 이 팟사에 의해 '좋고 싫음'이 구분된다고 해석한다. 접촉 중에서 매우 적극적인 것이 만지면서 느끼는 '촉觸'이다. 만져보기 위해서는 보고 듣는 것보다 가까이 다가서야 할 때가 많기 때문이다.

사랑하는 사람끼리는 자꾸 스킨십을 하게 된다. 수시로 만지고 쓰다듬고 토닥이면서 감촉을 통해 비언어적 소통을 주고받는 것이다. 이는 또한 좋은 느낌을 주고받는 '소통 기반'을 다지기 위한 것이기도 하다. 말만으로는 서로를 온전히 이해할 수 없기 때문이다. 우리가 나누는 의사소통의 절반 이상이 비언어적 소통이다.

공감 없이는 의사소통을 제대로 할 수 없다. 감이 좋은 사람들은 비언어적 제스처가 주는 느낌의 차이를 잘 포착하는 경향이 있다. 상대와 시선을 마주치며 그의 이야기에 미소를 짓는다. 그리고 적절한 순간에 적절한 터치로 대화에 진심을 실어준다. 어떤 소통을 하더라도, 우리는 품은 만큼의 진심을 주고받게 되어 있다.

어떤 때는 제스처 또는 몸짓 언어가 더 깊은 울림으로 전해질 때가 있다. 친구의 슬픔을 다독이며 말없이 안아주는 포옹이 그렇고, 연인이 혼란스러워할 때 등을 쓰다듬어주는 손길이 그렇다. 승부를 벌여야 하는 경쟁자와 강하게 마주 쥐는 악수 또한 그렇다. 침묵 속에서 감촉을 통해 마음이 오가는 것이다.

## 우리는 서로에게 촉으로 전해지고
## 감으로 기억된다

———

앞서 소개한 체험수기를 좀더 살펴보자.

마키와 작별한 후에 열심히 살았고 운 좋게 원하는 곳에 취업도 할 수 있었다. 다른 강아지를 입양해볼까, 몇 번 망설이기도 했지만 번번이 포기하고 말았다. 이별의 슬픔을 다시는 겪고 싶지 않았고 어쩐지 마키한테 미안해서였다. 그래도 산책을 나갔다가 누군가의 손에 이끌려 나온 개와 마주치면 절로 미소가 나오는 것을 어쩔 수 없었다.

그리고 그를 만났다. 샴푸 모델처럼 윤기가 흐르는 머릿결을 가진 남자. 보는 순간 숨이 막혔다. 그리고 그의 눈. 어쩌면 그렇게 마키와 같은 느낌을 주는지, 손이 부들부들 떨렸다. 만져보고 싶어서.

친해진 후에 용기를 내보았다. 허락을 얻어 내 손으로 그의 머릿결을 살짝 쓸어내려본 순간 소름이 돋았다. 눈물이 왈칵 쏟아졌다. 그 남자가 지금 내 곁에 있다. 묘하게 슬프면서도 행복한 느낌. 그 느낌이 겨워서 코끝이 찡할 때도 있다. 이렇게 오래오래 행복하게 살았으면 좋겠다.

그런데 이 남자, 대체 뭘까? 하늘나라에 있는 마키가 고맙다고 보내준 선물일까? 나도 모르게 그의 머리카락으로 또 손을 뻗는다.


우리는 서로에게 촉으로 전해지고 감으로 기억된다. 때로는 격렬한 운동을 하며 부딪치는 어깨, 등산할 때 밀어주고 끌어주는 손, 장난으로 오가는 주먹을 통해 상대에 대한 믿음과 정을 키워간다. 터치는 서로에 대한 느낌을 꾸준히 주고받는 일종의 '공통 기반' 만들기 과정이다. 쓰다듬고 부딪혀가며 사랑하는 이에 대한 감을 키워간다. 그러다 보면 정말로 눈만 보고도 마음을 알아맞히는 일이 늘어난다. 그것이 교감이든 텔레파시든 말이다.

# 틈새를 파고들어
# 에너지를 만드는
# 고등 감각

후배 중에 결혼한 지 5년이 채 되기 전에 제사를 물려받은 부부가 있다. 뼈대 있는 가문임을 내세우는 친척 어른 몇몇의 성화에 제사를 하나도 빠짐없이 모시고 있다. 기일이 몰려 있는 시즌, 아내가 일주일도 되지 않아 또 돌아온 제사 준비에 진저리를 냈다. 남편과 대형마트의 정육 코너에서 닭을 고르다가 발동이 걸렸다. "하필이면 큰 닭들밖에 없네. 닭고기는 건드리는 사람도 없던데… 이게 무슨 장식용도 아니고, 돈 아깝게… 짜증나, 정말."

남편은 마음이 초조해졌다. 아내가 성질을 부리면 점점 달아올라

활화산처럼 분출하고야 만다는 것을 명절과 제사 때마다 생생히 목격해왔기 때문이다. 마침 닭고기 업체에서 나와 있는 판촉 주부사원이 눈에 들어왔다. 앞뒤 잴 것 없이 물어보았다. "아줌마, 여기 병아리는 없어요?" 그 한마디에 아내가 빵 터졌다. 대단할 것 없는 유머 덕분에 일촉즉발의 경보가 해제된 것이다.

유머가 상황을 반전시켜주는 경우는 적지 않다. 직장에서도 유머가 딱딱하고 지루한 회의에 활기를 불어넣어준다. 직장인이 착실한 태도와 함께 갖춰야 할 감각이 바로 유머다. 유머 감각이 있는 사람이 그렇지 않은 사람에 비해 더 많은 호응과 지지를 받는다. 그런 사람은 대체로 인간관계도 좋으며, 상사도 웬만하면 유머러스한 후배를 아낀다.

유머의 핵심은 '촉'이다. 사람들의 어디를 건드려야 웃음을 터뜨리는지 파악하는 감각이다. 그때그때 상황을 파악하고 남의 마음을 짐작하는 능력이 필요한데, 본질과 체계를 동시에 꿰뚫지 않으면 이런 촉을 발휘하기가 어렵다.

## 유머 감각은
## 타인에 대한 이해에서 비롯된다

유머는 일종의 '즐거운 느낌 추출 장치'다. 과일을 짜내 주스를 만들어내는 기계처럼 일상의 다양한 일들 중에서 재미있고 흥분되는 소재만을 뽑아내 즐거운 웃음을 선사하며 짜릿하게 해준다.

유머 감각은 머리 좋은 사람과 창조력이 뛰어난 사람을 구분 짓는 요소이기도 하다. 창조력이 뛰어난 사람은 머리 좋은 사람에 비해 장난을 좋아하며 재미있는 행동을 많이 한다. 반대로 머리 좋은 사람은 창조적인 사람에 비해 관습적이며 예측 가능하다.

보수적인 직장의 관리자들은 창조적인 후배보다 머리 좋은 후배를 아끼기도 한다. 창조적인 후배는 이따금 럭비공처럼 어디로 튈지 예측할 수 없어 통제하기 어렵기 때문이다. 주입식 학교 교육에서도 마찬가지다. 물론 나중에 깜짝 반전을 만들어내는 이는 대개 창조적인 부류지만 말이다.

이성은 인식을 규명하지만 유머는 인식을 바꾼다. _에드워드 드 보노

유머는, 유머 감각 있는 사람이 더 잘 받아들이며 즐긴다. 후배 부부가 친척 어른들의 코칭을 받으며 제사를 지내는데, 그중 한 집의 며느리가 뒤늦게 와서는 과일 준비 등에 약간의 도움을 주었다. 그러고는 이런저런 자랑을 하다가 상을 치우느라 바쁜 부부에게 물었다. "이렇게 큰일을 어떻게 혼자 다 해요? 에이… 아줌마 썼겠지." 남편이 아니라고 하려는데 아내가 먼저 대답했다. "맞아요. 제가 바로 그 아줌마잖아요. 일당 엄청 비싸요. (남편한테) 그치?"

정치인의 유머에는 공통점이 있다. 백이면 백 썰렁하다는 것이

다. 감이 떨어지는 사람의 유머는 재미가 없다. 힘이 들어갔기 때문이다. 특히 힘 있는 사람들은 남을 웃기는 것보다 자기만족에 초점을 맞춘다. 상대를 살피지 않은 채 자기만족으로 던지는 유머는 목표대상을 즐겁게 할 수 없다. 유머 감각은 힘을 빼고 주변을 돌아보는 안목에서 시작된다. 그래서 고수의 유머는 툭툭 던져도 빵빵 터진다.

## 웃음이 없는 하루는
## 낭비된 하루다

웃기지 못하는 사람이 있는가 하면 좀체 웃지 못하는 사람도 있다. 모두가 한바탕 웃고 난 뒤에야 "왜들 웃는데?" 하고 묻거나, 설명을 듣고서야 웃음을 터뜨리는 경우다. 센스가 없는 것이다. 그런가 하면 유머러스했던 사람이라도 군대 또는 해외 파견 근무에 다녀오면 "유머 감각 떨어졌다"는 말을 자주 듣는다.

유머감각을 갈고 닦으려면 심각한 사람보다는 여유 있는 사람들과 자주 어울리는 게 방법인데, 대중문화 따라잡기만 한 게 없다. 개그 프로그램의 방청객들이 어느 대목에서 웃는지 살피다 보면 눈썰미가 좋아진다. 스스로를 웃음의 소재로 내미는 자신감을 발휘해보는 것도 방법이다. 다만 다른 사람에게 우습게 여겨지지는 않을 정도여야 한다. 대접을 받는 자리에서 외려 자신을 내려놓고 사람들을 웃길 수 있는 사람이 진짜 고수다.

물론, 최고의 고수는 아픈 부분을 겨냥한 공격까지 유머로 받아넘겨 분위기를 잘 이끌어가는 부류다. 지인 가운데 체중 100킬로그램이 넘는 이가 모임에서 그다지 반갑지 않은 동창생을 만났다. 동창이 기대를 저버리지 않고 비릿한 웃음과 함께 말했다. "너는 왜 이렇게 날이 갈수록 뚱뚱해지는 거냐?" 지인이 쑥스럽게 웃고는 머리를 긁적이며 말했다. "그런가? 참 희한하네. 내가 뚱뚱하다는 소리는 오늘 너한테 처음 들으니 말이야." 그의 너스레에 주변 사람들이 웃음을 터뜨렸다.

유머는 쓸데없는 짓이 아니다. 걱정을 유예해주며 두려움에 압도당하지 않도록 훈훈한 용기를 불어넣어준다. 그 용기가 내일을 살아갈 활력 비타민이 된다. 또 유머 감각을 발휘할수록 상대의 더 좋은 느낌을 끌어낼 수 있다. 함께 더 자주 웃을수록 서로에 대한 공감 지수가 상승한다. 동료들을 웃길 수 있는 능력은 나와 상대의 주변, 흐름 등을 종합적으로 파악해 비어 있는 틈새를 예리하게 파고드는 고등 감각이다.

# 내비게이션을 끄면
## 오감이 켜진다

출판사 편집자로 일하는 그녀는 연말이 다가올수록 마음의 갈피를 잡을 수 없었다. 대형 작가를 모셔오라고 닦달하는 상사와 코앞으로 다가온 인사평가, 표지며 편집 스타일을 놓고 날마다 새로운 요구를 해오는 저자, 여행을 다녀오는 바람에 빠듯해진 생활비까지….

모든 여건이 그녀를 우울의 바닥으로 끌어내리려는 것 같았다. 하지만 무엇보다 힘겨운 것은 모질게 끝낸 사랑이었다. 2년 반 동안 활화산과 얼음굴 사이를 오가던 사랑이 얼마 전에 마침표를 찍었다. 누구나 그럴 테지만, 생각 바구니에 번민이 가득 차 있을 때에는 평소 눈 감고도 할 수 있던 일에서조차 어이없는 실수를 저지르곤 한다.

## 일탈의 쾌감이
## 굳었던 감각을 풀어준다

출근길에 정신을 차려보니 자동차가 엉뚱한 곳으로 가고 있었다. 회사가 신도시로 이사를 간 지 얼마 되지 않아 길을 헷갈렸을 수도 있다. 난생처음 달려보는 도로가 이어졌다. 고속도로처럼 왕복차선이 펜스로 분리되어 있었다. 덜컥 겁이 났다. 심란한 마음에 당황스러운 일까지 겹치자 생각의 주파수 대역폭이 급격히 좁아졌다. 오로지 비상상황에 집중하느라 내비게이션을 켜고 목적지를 입력할 생각은 해보지도 못했다.

그렇게 앞으로만 가고 있는데 편집장에게서 전화가 걸려왔다. 차를 비상 구역에 대고 통화를 했다. 하지만 그녀는 자신이 처한 상황을 털어놓는 대신 충동적이며 비합리적인 선택을 하고 말았다. "저… 개인적인 일이 생겨서 그러는데요. 오늘 하루 휴가 써도 될까요?" 엎어진 김에 쉬어가기로 결심한 거였다.

야근을 해도 간당간당한 일이며 걱정들이 지하철 순환선처럼 머릿속을 맴돌았지만 그녀는 비뚤어지기로 한 결심을 지켜냈다. 분명한 선택이란, 그 이외의 가능성들에 대해서는 아예 문을 닫아버리는 것이다.

문득 서해의 제부도가 궁금해졌고, 가보기로 했다. 그제야 내비게이션이 눈에 들어왔으나 잠시 망설인 끝에 켜지 않았다. 전에 가본 경험을 되살려 국도를 따라 여유 있게 차를 몰았다. 결국, 그녀는 서산 천수만에 가서 철새를 구경하고 돌아왔다. 목적지가 아닌 엉뚱한 곳에 다녀온 데다가 하루 종일 길을 찾았다 헤맸다를 반복했음에도 이상하게 기분이 좋아졌다.

그 이후로 시간 여유가 있을 때는 내비게이션을 켜지 않고 느낌대로 길을 찾아가는 일이 잦아졌다. 엉뚱한 도로로 접어드는 바람에 헤맬 때도 있지만 그런 긴장도 즐거움의 포인트가 되었다. 긴장이 풀리면 초연해지고 답답했던 기분도 덩달아 풀린다. 그것이 바로 그녀가 찾아낸 스트레스 해소법이다.


사람들은 운명이 아니라,

자신의 마음이라는 감옥에 갇힌 죄수다. _프랭클린 D. 루즈벨트


매일 오가던 길, 궤도에서 벗어났다는 일탈의 쾌감이 딱딱하게 굳어 있던 감각에 균열을 일으켰다. 비로소 아는 길로 돌아올 때의 반가움과 고마움이 새삼스럽다. 그런 일탈을 경험한 뒤에 원고를 다시 읽으면 딱딱하고 지루하게 느껴졌던 내용에서 어떤 점을 보완

해야 할지 아이디어가 생길 때가 많다.

그녀는 내비를 이용하지 않는 쪽이 공간감각이나 지각력에도 도움이 된다는 점을 알게 되었다. 휴대폰을 잃어버린 후에야 친한 사람의 전화번호가 비로소 외워지는 것과 같은 이치다.

## 생의 동반자는
## 험난한 길을 돌아 만나진다

———

내비게이션 꺼두기는 '남자를 만날 때'에도 적용되었다. 그녀는 '빠져들 것 같은 남자'를 원해왔다. 그러면서도 내비게이션을 동원해 온갖 샛길과 막다른길을 찾아냈다. '키가 작네. 우회전하세요.' '스타일이 아니네. 좌회전하세요.' '너무 잘난 척하네. 막무가내로 유턴하세요.'

하지만 이제부터는 내비게이션처럼 단칼에 결론을 내리기보다는 천천히 둘러보고 설혹 잘못 들어서거나 우회를 하더라도 살펴가며 결정하기로 했다. 내비게이션 기술의 발전은 삶의 불확실성을 줄여준 것까지는 좋았으나, 안타깝게도 일탈의 즐거움까지 빼앗아갔다. 불확실성이 줄어들었으니 흥미로운 모험을 해볼 기회가 없다. 또 내비게이션의 지시만 따라가다 보면 내 의지를 상실한 것 같은 기분이 들 때가 있다.

우리들 대부분이 보이는 것만으로 상대를 판단한다. 겉모습에 반해 사랑에 빠지고, 결혼을 하고 나서야 상대의 내면에 눈을 뜬다. 그러고는 결국 내면 때문에 싫어지고 후회할 때가 많다. 아무리 깊이 빠져든 사랑이라도, 가치관과 인격, 정서와 취미 같은 그의 내면세계가 마음에 들어야 따스한 느낌을 오랫동안 이어갈 수 있다. 그런데 내면은 내비게이션으로 도달할 수 있는 세계가 아니다. 눈과 귀, 촉감 같은 오감을 통해야 상대의 마음속 깊이 들어갈 수 있다.

내비게이션을 꺼야 '사랑하는 마음'보다 큰 '좋아하는 마음'의 감도를 향상시킬 수 있다. 가치관이나 성향까지 어울리는 평생의 지기는 곧게 뚫린 최단 코스로만 가서는 만나기 어렵다. 마음이 끌리는 대로 엉뚱한 길로 접어들고, 때로는 길에서 이탈도 해봐야 그 사람이 어떤 사람인지 비로소 느낄 수 있다.

주변을 확인해보니 사람들마다 색다른 일탈의 비법을 갖고 있었다. 금요일 야근이 끝나자마자 동해나 해운대로 향하는 직장인이 있는가 하면, 오전 회의에서 상사에게 털리고 나면 점심시간 만화방에서 킥킥대며 기분을 전환하는 사람도 있었다. 어떤 사람들은 외근 업무를 마친 뒤에 짬을 내어 팬시나 오디오, 레고 같은 취미용품 숍을 구경한다. 점심을 먹으러 최대한 멀리까지 가보기에 도전하는 직장인도 있다. 그는 동료들과 함께 일산의 회사에서 차를 몰고 나와 을왕리 해수욕장에서 칼국수를 먹고 돌아오기도 한다.

익숙함에 질린 우리의 감이 변덕을 부릴 때 보내오는 강력한 신호가 바로 충동이다. 그것을 받아들이면 일탈이 된다. 일상에서 탈

출함으로써 '바른 생활'에선 상상할 수 없었던 것들을 찾아낼 때가
있다. 감을 믿는 사람은 그래서 가끔 작정하고 소소한 일탈을 한다.

# 우리는 왜
# 기분 좋은
# 사람에게 끌리나

평소 자주 이용하는 도로에 교통체증이 심한 지점이 있다. 이면 도로에서 주도로로 합류해야 하는 곳인데, 주도로를 차지한 상당수 직진 차량들이 끼워주기 싫어 앞차의 꼬리를 물고 바짝 붙어가는 심통을 부린다. 마치 '너희들 탓에 여기가 늘 막히잖아'라는 제스처를 운전으로 보여주는 듯하다. 합류 차량은 그들대로 고개 들이밀기 대응으로 맞선다. '누구 간이 더 큰지 보자'는 식이다. 요란한 경적이 자주 울리고 접촉사고가 빈발하는 곳이다. 그러다 보면 진입을 기다리는 차량들의 행렬이 한도 없이 길어지게 된다.

그런데 그날은 이상했다. 모 기업체에서 강연을 하기로 했는데 사내교육 담당 여직원이 "옆 동네에 사니까 같이 가자"고 해서 차를 얻어 타기로 했다. 그러고는 차에 탄 지 1분도 지나지 않아 그 여직원에게서 운전면허증의 잉크도 마르지 않은 생초보라는 고백을 듣고 말았다.

그런데 그날따라 이상하게도 차량의 흐름이 슬슬 풀려나갔다. 교통량이 평소보다 적은 것도 아니었다. 의문은 합류 지점에 이르자 자연스럽게 해소되었다. 합류 차량들이 평소와 달리 편안하게 주도로로 진입하고 있었다. 다만 문제는 운전대를 잡은 채 바짝 긴장한 왕초보 운전자였다. 차례가 왔는데도 주춤거리며 어찌해야 할지 망설이는 것이었다. 그 순간, 주도로의 운전자가 싱긋 웃더니 '먼저 가라'는 손짓을 해주었다.

차량의 흐름이 평소와는 달랐던 이유를 그 순간에 깨달았다. 순조로운 흐름은 누군가의 '기분 좋은 양보'로 시작되었을 테고, 그 양보가 뒤쪽 운전자들에게 줄줄이 이어진 것이다.

사람은 누구나 다른 이를 따라 하고 흉내를 내게 되어 있다. 무의식적인 하품만 봐도 그렇다. 방 안에서 누군가 하품을 하면 다른 사람들에게 하품이 번진다. 휴대폰도 비슷하다. 한 사람이 휴대폰을 꺼내들면 다른 사람들도 화면을 확인한다.

그런 본능을 의도적으로 활용할 때도 있다. 대표적인 게 미소다. 모르는 사람에게 미소를 지어주면 상대도 거기 맞춰 미소로 답해준다. 이처럼 기분은 전염성이 강하다. 누군가 좋은 패턴을 만들어내면 사람들은 그 패턴을 따라 하게 되어 있다. 기분 좋은 일에 동참함으로써 자기 기분도 좋아질 것임을 알기 때문이다. 우리 모두가 서로 연결되어 있는 좋은 사람들이라는 느낌이 그 순간을 행복감으로 채운다.

자기 자신을 응원하는 가장 좋은 방법은
다른 모든 사람들에게 활력을 불어넣는 것이다. _마크 트웨인

후배들에게 '야근을 함께하고 싶은 사람 1순위'로 꼽히던 선배가 있었다. 신문사 군기가 살벌하던 시절, 초판에 실린 기사에서 실수라도 발견되면 불같이 혼을 내는 선배가 많았다. "유치원생한테 기사를 쓰라고 해도 이런 실수는 안 하겠다, 이 병신아."

그런데 야근 희망 1순위 선배의 반응은 달랐다. "잘못된 부분을 바로잡아서 야근자한테 전달하고 퇴근해라." 기사를 물먹어(낙종) 의기소침해 있기라도 하면 "다음에 만회할 기회를 만들면 되지" 하고 대수롭지 않게 넘겨주곤 했다. 안 좋은 일이 생겨도 선배의 몇 마디 말을 듣고 나면 대개 기분이 풀렸고 다른 방식으로라도 잘못을 만회해야겠다는 결기가 생겼다.

## 좋은 기분은
## 전염성이 강하다

———

뭔가에 막혀 진전이 없고 답답할 때, 우리는 상황을 바꾸는 데 도움을 줄 만한 사람을 찾아 나서게 되어 있다. 이를테면 경험이 풍부한 사람 말이다. 그의 도움에 힘입어 컴퓨터의 리셋 버튼처럼 골치 아픈 상황을 정리하고 흥미로운 일상을 리부팅할 수 있다.

선배는 신문기자를 그만두고 고향에 내려가 의미 있는 일을 하며 제2의 인생을 살아가고 있다. 선배가 해주던 대로, 웃음을 머금고 사람들에게서 좋은 것들을 끌어내보려는 흉내를 내보지만 말처럼 쉽지는 않다.

그 선배와 같은 사람은 '잘 닦인 거울'에 비유할 수 있는 존재다. 그를 통해 한결 나아진 나 자신을 보는 느낌에 힘을 얻는다. 그가 나의 처지를 이해해주니, 그에게 존중받고 있다는 안도감에 힘이 생긴다. 그럴 때면 '플러스 느낌'의 배터리가 충전된다. 플러스 느낌은 여유의 문을 활짝 열어주는 특성이 있다. 좋은 기분이 다른 이에게 전염되어 나 또한 누군가에게 '기분 좋은 사람'이 된다. 우리가 기분 좋은 사람에게 자꾸 끌리는 데는 그만한 이유가 있는 것이다.

# 익숙함은
# 기회의 발목을
# 잡는 덫이다

책에는 자석의 N극과 S극처럼 서로 달라붙는 속성이 있는 모양이다. 내 작업실 곳곳에는 늘 책의 탑이 솟아 있다. 서가가 가득 차는 바람에 책을 구입할 때마다 책상 위나 바닥에 임시로 몇 권씩 쌓아놓다 보니 그것들이 새 동료들을 끌어당긴 결과다.

필요한 책은 무더기의 어디에 있든 금방 찾아낼 수 있으므로 대세에 지장이 없다고 자신해왔다. 하지만 참고해야 할 책을 찾아 헤매다가 급한 김에 서점에 달려가 사오는 일이 생겼다. 나중에 책의 탑들 속에서 똑같은 책 세 권을 발굴해내는 개가를 올리기도 했다.

출판사 편집자들과의 회의에서 샘플 원고를 보여주었다가 연거푸 똑같은 대답을 들었다. "괜찮은 것 같긴 한데…. 다른 사람들은 뭐래요?" 예의를 빼고 한마디로 줄이면 '땡'이다. 길게 늘이면 '딴데 가서 알아보세요.'

## 낡은 것을 파괴해야
## 새것이 생성된다

———

일이 풀리지 않을 때에는 가구 배치를 다시 해보고 여의치 않으면 집 안을 뒤집어서라도 기운을 바꿔본다는 사람들의 얘기를 실감했다. 그날, 곧바로 책의 탑들을 무너뜨려 책무덤으로 바꾸고는 정리에 들어갔다.

사람은 누구나 자기 스타일이 익숙하니까 굳이 다른 방식을 찾아보려 하지 않는다. 그러나 늘 하던 대로 반복하다 보면 시야가 좁아진다. '익숙함'이 덫이 되어 한계에 봉착하는 것이다. 내가 그랬다. 어수선한 분위기에서 같은 패턴을 반복한 결과, 어슷비슷한 느낌의 원고가 나왔다. 감에 문제가 있는 것이었다. 감을 찾기 위해선 정말로 새로운 것들이 들어올 수 있도록 물꼬를 터주어야만 했다.

전에 없던 무엇인가를 막 만들어냈을 때,

세상은 더 환하게 보인다. _닐 게이먼

엉망진창으로 흩어진 책들을 정리하고 나자 작업실 책상이 온전하게 드러났다. 책상이 허전할 정도로 넓어 보였다. 마우스 패드를 바꾸고 밝은 색의 기계식 키보드를 올려놓자 분위기가 한층 더 환해졌다.

힌두교에서 시바Shiva는 '파괴의 신'이지만, '창조의 신' 브라흐마Brahma나 '유지의 신' 비슈누Vishnu와 더불어 세 주신(트리무르티, Trimrti)으로 불리며 존경을 받는다. 아주 오래 전부터 사람들은 알았던 것이다. 낡은 것을 파괴함으로써 새로운 것을 받아들일 수 있다는 것을.

책장의 서류함에 빼곡하게 꽂혀 있는 자료들이 갑자기 눈에 거슬렸다. 언젠가 써먹을 것이라며 수년에 걸쳐 모은 다양한 분야의 자료들이었다. 신문이며 잡지 스크랩, 도서관에서 복사해온 출력물 등. 그것들을 전부 꺼내 정리한 뒤 재활용 쓰레기로 내놓았다. 비로소 개운한 느낌이 들었다.

작업실을 엎은 김에 내 분위기도 바꾸기로 했다. 여세를 몰아 이발소로 향했다. 머리 스타일과 옷은 어떻게 연출하느냐에 따라 사람의 분위기를 완전히 바꿔놓는다. 머리를 다듬고 예전에 구입한 뿔테 안경을 쓰자 차분한 분위기의 남자가 거울 안에 나타났다. 그 사람은 평소 주변을 꼼꼼하게 정리해서 책의 탑 같은 것은 절대 쌓아놓지 않을 것처럼 보였다. 의식적으로라도 그런 분위기에 걸맞은 '역할 행동'을 하라는 스스로에 대한 심리적 압박이었다.

## 분위기가 밝아지면
## 좋은 일은 저절로 따라온다

———

어쨌든 먹고사는 부분을 책임져야 하므로, 그 책임을 위해 우리는 무시무시한 철갑옷 속에 감정을 꼭꼭 숨기는 데 익숙해져 있다. 문제는, 그러다 보니 자신의 감정 속에 뭐가 들었는지 스스로도 들여다보지 못한다는 점이다. 그럼에도 나의 말과 행동에 깔려 있는 느낌을 기가 막히게 알아봐주는 이가 있다는 것은 고마운 일이다.

오랜만에 동창 모임 일로 전화를 걸어온 친구가 통화 말미에 물었다. "좀 이상하네? 무슨 일 있었냐?" 아무 일 없다고 하니 "아니 그냥… 말투가 좀 달라진 것 같아서"라고 했다. 그게 무슨 뜻인지 무심결에 지나쳤다가 며칠 후에 느닷없이 깨달았다. 인터넷 서점의 콘텐츠 담당자를 만나는 자리였는데, 나도 모르게 말꼬리를 흐리는가 하면 남들 의견인지 내 것인지 애매하게 이야기를 하고 있었다. 틀림없이, 출판사 편집자들을 만났을 때에도 그처럼 자신 없어하는 흐릿한 분위기였을 것이다.

누구든 자신감에 차 있는 사람의 말에 더욱 귀를 기울이게 마련이다. 스스로도 확신을 갖지 못하는 사람의 말에는 좀처럼 끌리지 않기 때문이다. 이때 자신감 여부를 판단하는 잣대는 목소리와 말투다. 목소리는 타고난 것이니 한계가 있더라도 말투는 얼마든지 바꿀 수 있다.

분위기를 바꿔보려고 신경을 쓰다 보면 사람들과의 사이에도 변화가 생긴다. 밝은 분위기 속에 어울리다가 즐거운 일이 늘어난다. 서로에게 한마디라도 좋은 이야기를 더 해주고 싶으며 도움이 될 만한 사람을 소개해주려고 한다. 기회는 그런 과정을 통해 만들어진다. 그 결과, 지금 이 원고를 쓰고 있다.

# 가장 가깝고도 먼
# 내 안의 세계

너무도 헌신적인 남편 때문에 스트레스를 받는 여성이 있었다. 남편은 매일 그녀를 자동차에 태워 출근을 시켜주고 밤늦은 시간에도 데리러 와주었다. 남편은 대학의 교직원이어서 작은 광고대행사에서 여러 가지 일을 맡고 있는 그녀에 비해 비교적 시간의 여유가 있었다. 그녀가 늦잠이라도 자는 날에는 남편이 먼저 일어나 아침을 차려주곤 했다.

하지만 그녀는 남편의 지나친 자상함이 불만이었다. 마치 좁은 새장에 갇혀 살아가는 느낌이었다. "네가 아주 배가 불러서 복을 차

는구나." 그녀가 불만을 토로할 때마다 친구들의 반응은 한결같았다. 자기만 나쁜 사람이 되는 것 같아 구시렁대기도 어려워졌다.

그녀는 답답한 마음에서 벗어나기 위해 심리학 책에서 읽었던 '프리즈 프레임'을 써보기로 했다. 프리즈 프레임(Freeze Frame, 일시정지)이란 스트레스가 심하거나 걱정에서 헤어날 수 없을 때 그 생각을 잠시 멈추고, 과거의 즐거웠던 일이나 기분을 떠올려 분위기를 바꾸는 것이다. 프리즈 프레임은 불안감에 어수선했던 마음을 가라앉히는 데 효과가 있다.

점심을 먹다가 머릿속으로 스쳐지나가는 뭔가를 붙잡는 데 성공했고, 그 작은 번뜩임이 그녀를 색다른 아이디어로 이끌었다. '이사를 해보자.' 남편을 힘들게 설득했다. 무리를 해서 단독주택을 구입했는데, 대문과 현관 사이에 조그만 정원이 있는 집이었다. 그녀는 모종을 사다가 심고 정원을 가꾸기 시작했다. 남편이 도와주겠다고 나섰으나 이번에는 단호하게 물리쳤다.

그녀는 쉬는 날마다 오후 내내 꽃과 나무를 돌본다. 정원 일을 마치고 나면, 작은 의자에 홀로 앉아 커피를 마시며 자기 손이 바꿔놓은 결과물을 흐뭇하게 감상한다. 정원은 그녀만의 아지트다. 예쁜 화초를 눈으로 보고 손으로 만지며 냄새도 맡아본다. 감상할 때는 즐겁지만 생명을 다한 화초를 볼 때면 안타까움이 들기도 하고, 그 안에서 생명의 신비로움을 느끼기도 한다. 그러한 여러 가지 경험이 그녀의 세상을 형형색색으로 물들여주고 있다.

우리들 내부에는 우리가 결코 가본 적 없는 장소들이 존재한다.

한계를 밀어붙임으로써 우리는 그곳들을 찾을 수 있다. _조이스 브러더스

자기만의 아지트를 확보했다는 사람들을 심심치 않게 만난다. 글을 쓰는 사람일 경우 작업실이겠지만, 옥상이나 창고를 개조해 취미활동을 위한 공간으로 활용하는 경우도 있다. 아파트 베란다에 작은 테이블 세트를 놓고 짬이 날 때마다 물끄러미 창밖을 본다는 사람도 있었다. 물론, 단골 카페를 정해두고 일주일에 한두 번씩 들러 혼자만의 시간을 누리는 경우가 가장 많다.

## 가장 창조적인 공간,
## 나만의 아지트를 만들어라

———

누구라도 마찬가지다. 사람들 틈에서 부대끼다 보면 '나만의 아지트'로 숨고 싶은 생각이 간절할 때가 있다. 안심이 되는 곳에서 커피를 마시며 음악을 듣거나 책을 읽고, 하루의 생각을 정리하고 싶어지는 것이다.

내게도 가끔은 아지트가 절실하다. 안 풀리는 일감을 붙잡고 있다가 지치면 꼼수를 부려본다. 쉬운 일로 잠깐 갈아타는 것이다. 숨을 돌리고 돌아오면 막혔던 대목이 그나마 풀리지 않을까 하는 기대에서다. 하지만 쉽게 봤던 일마저 진도를 전혀 나가지 못할 때도

있다. 부산스럽기는 한데 뚜렷한 결실은 없는 바쁨과 산만함 속에서 시간만 흐른다. 이처럼 꽉 막혀서 한 걸음도 못 나가겠다 싶을 때에는 어쩔 수 없다. 탈출하는 수밖에.

나만의 아지트는 이럴 때도 필요하다. 내가 나를 몰아붙여도 소용이 없을 때, 또는 자책감에서 나를 보호해야 할 때. 이럴 때는 자료와 노트북을 싸들고 커피전문점으로 향한다. 남이 만들어준 커피를 맛보며 새로운 기분으로 도전하면 몇 단락은 그런대로 써내려갈 수 있다. 다만 부작용도 있는데, 새로운 기분으로 다시 보면 지금껏 써놓은 부분이 죄다 마음에 안 든다는 점이다. 결국에는 하루 혹은 이틀간 꼬박 일한 분량을 충동적으로 날려버리고는 망연자실 앉아 사람들을 구경한다. 이 또한 '프리즈 프레임'이다.

뭔가에 홀린 사람처럼 허탈하게 앉아 있다 보면 별의별 생각이 다 든다. 어떻게 해야 집중도를 높일 수 있을지, 잡생각을 떨쳐버리고 짧은 시간에 성과를 극대화할 묘안은 뭔지. 이러다가 일을 시한까지 끝낼 수나 있나 하는 걱정도 함께.

그렇게 멍하니 사람들을 보다가 결국에는 집착을 내려놓고 마음속을 텅 비운다. 그럴 때면 아무 생각도 들지 않는다. 한데, 이상하게도 그렇게 시간이 흐르고 나면 마음이 한결 편해진다. 신기한 일이다. 날려버린 분량, 그 이상을 더 좋은 방향으로 다시 쓸 수 있겠다는 자신감이 싹트는 것이다.

## 멍하니 앉아 있는
## 시간의 힘

———

시간에 쫓기는 바쁜 사람이 대접받는 시대다. 요즈음은 바빠야 중요한 사람으로 여겨지는 경향이 있기 때문이다. 친구들과 약속 한번 잡으려 해도, 누가 더 바쁜지 경쟁을 벌인 뒤에야 멀찌감치 날짜와 시간을 정하게 된다. 미국의 한 사전은 '바쁘다Busy'에 대한 이색 정의를 내려놓았다. "중요해 보이려 하는 태도, 또한 그러면서도 부끄러워하지 않는 것."

바쁘게만 돌아가는 세상에서, 어느 누구의 방해도 받지 않는 '나만의 아지트'를 확보하고 활용하는 즐거움은 그래서 더욱 각별하다. 그곳에서는 굳이 뭔가를 하지 않고 가만히 앉아 있는 것만으로도 소소한 즐거움을 누리게 된다. 부드러운 음악과 구수한 커피 향이 잘 어우러진 곳이라면 두말할 필요가 없다.

아지트에서 지내는 혼자만의 여유는 멍하니 앉아 있더라도 허무하게 낭비하는 시간이 아니다. 오히려 그곳에서 얻은 소소한 즐거움이 일상의 자신감이나 긴장감과 절묘한 조화를 이룰 때, 기대 이상의 결과를 만들어내곤 한다. "비워야 채울 수 있다"는 말은 어느 상황에서도 예외가 없다.

뇌과학자들은 뇌가 긴장을 풀고 충분한 휴식을 취했을 때야말로 창의력의 힘을 기대할 수 있는 최적의 환경이라고 말한다. 억압에서 풀려난 뇌가 그에 대한 대가로 번뜩임이라는 선물을 준다는 것이다. 이런 선물을 편하게 만날 수 있는 장소가 '나만의 아지트'다. 카페든 창고든 베란다든 여건에 맞게 활용하기 나름이다.

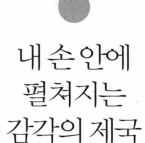

# 내 손 안에
# 펼쳐지는
# 감각의 제국

"사는 게 만만치 않다 싶을 때마다 프라모델을 만든다"는 여성의 글을 잡지에서 읽었다. 프라모델을 조립하며 생각이 흐르는 대로 놔둬보면 마음이 한결 가벼워진다는 것이다. 그녀는 체질적으로 안 맞는 몇몇 사람 때문에 회사 생활이 편치 않았고 불면증에 시달리다 보니 자주 아팠다. 심리 상담을 통해 억눌러온 슬픔과 분노 에너지를 건강하게 표현할 방법을 찾아보라는 권유를 받았다. 손을 부지런히 움직여 뭔가를 만들어보면 도움이 된다는 얘기에 뜨개질을 배우다가, 더욱 정교하고 손이 많이 가는 프라모델의 세계에 눈을 뜨게 된 것이다.

나도 마침 프라모델에 관심이 생긴 터라 하나를 사다가 도전해보았다. 그러나 커다란 종이 상자를 여는 순간 아뿔싸! '멘붕'이 오고 말았다. 넓은 플라스틱 틀에 가득 들어찬 색색의 부품들이 대체 몇 개쯤인지 짐작이 가지 않을 정도였다. 그래도 비싼 돈을 주고 사왔으니 죽이 되든 밥이 되든 해봐야 했다.

## 불확실한 가정에 집착하지 말고
## 확실한 현실을 조립하라

———

설명서를 봐가며 부품을 모음틀에서 떼어내고 맞추고를 반복하다 보니까 로봇의 모양이 차츰 나타나기 시작했다. 다리를 만들고 몸통에 이어 어깨를 붙이고 팔을 조립하고…. 그렇게 하다 보니 자신감이 생겼다. 설명서 없이 모양만 보고 짐작대로 결합해봐도 딱딱 맞아떨어졌다. 하지만 곧바로 후회의 한숨을 쉬어야 했다. 순서가 바뀌는 바람에 힘들여 끼운 것을 다시 해체해야 했는데, 면도날도 들어가지 않을 만큼 정교한 틈을 벌리는 게 보통일이 아니었다.

재조립을 하느라 진땀을 빼다가 친구와 저녁을 먹던 중 말다툼했던 게 생각이 났다. 두 번째 사업에서 꽤 성과를 거둔 친구는 대기업의 좋은 부서에 있는 다른 친구를 원망했다. 대기업쪽 다리만 놓아주면 1,000억 원짜리 회사로 한방에 키울 수 있는데 줄곧 외면당하고 있다는 불평이었다. 마치 세상을 '프라모델 만들기'처럼 보는 세계관이다. 성공이라는 게 딱딱 맞춰 조립만 잘한다고 이뤄지는 게 아닌데도 그 친구는 마치 수학공식처럼 확고하게 믿고 있었다.

일을 망치고 아무것도 배우지 못했다면, 당신은 실수를 한 것이다.
일을 망치고 무언가를 배웠다면, 당신은 경험을 한 것이다. _마크 맥파튼

프라모델 몸체의 완성을 앞두고 이게 끝인가 했으나, 로봇의 손에 쥐어줄 무기를 만드는 게 생각보다 어려웠다. 게다가 아주 작은 스티커를 몸체와 무기에 붙이는 데 오랜 시간이 걸렸다. 장장 다섯 시간에 걸쳐 나의 첫 작품이 탄생했다. 처음에는 막막했는데 완성하고 나니까 뿌듯했다.

"그 자식이 조금만 신경을 써줬더라면 그때도 망하지는 않았을 거야. 내가 그렇게 애원을 했는데…. 나중에는 전화도 안 받더라니까." 친구는 첫 사업에서 실패했던 원인 중 상당 부분을 대기업 친구의 탓으로 돌렸다. 그 부분에서 말다툼이 벌어졌다.

'그때 한 번만 도움을 받았더라면….' '한 문제만 더 맞혔더라면….' '면접만 통과했더라면….'

중요한 순간이 조금만 달랐더라면 지금의 삶이 완전히 바뀌었을 거라는 생각을 누구나 한번쯤은 해볼 수 있다. 하지만 대다수 사람은 이미 지나가버린 일인 데다 이제 와서 미련을 가져봐야 소용이

없다는 것을 알기 때문에 흘러간 일로 여기고 만다.

그런데 어떤 사람들은 진심으로 억울해한다. 억울함이 도를 넘으면 기억을 자기 편한 대로 조작해버리고는 현실감각까지 내쫓아버린다. 프라모델 조립조차 잘못 끼운 것을 되돌리는 데 진땀을 빼야 한다. 하물며 많은 사람의 밥줄과 이해관계가 걸린 비즈니스를 두고 어떻게 "조금만 도와주면 간단하게 풀린다"고 단언할 수 있을까. 게다가 대기업에 다니는 친구는 자기 마음대로 뭔가를 해줄 수 있는 입장도 아니었다.

내 손으로 만든 프라모델조차 내 마음대로 되는 것은 아니었다. 부실한 것인지 무게중심이 틀어진 것인지 혼자 서지 못하고 계속 거꾸러졌다. 한참 동안 주물럭거리다가 무릎을 꿇린 자세로 간신히 세워놓을 수 있었다.

### 전신 뼈의 26퍼센트가
### 손에 몰려 있는 이유는?

———

영혼이 자유로워야 현실감각에 기반한 직관을 발휘할 수 있다. 다른 이에 대한 미움이나 분노 같은 감정을 키울수록, 상대를 마음의 감옥 속에 가두고 그를 감시하는 간수 노릇을 하느라 잠시도 한눈을 팔지 못하는 불행한 신세가 되기 쉽다.

이런 유혹에 흔들릴 때 약이 되어주는 게 몰입이다. 몰입하는 순간만은 남들을 까맣게 잊은 채 오로지 나만의 즐거움에 집중할 수 있다. 프라모델뿐 아니라 목공일, 뜨개질, 컬러링북 색칠하기, 낙서하기, 캘리그라피, 그림 그리기 등 손을 바쁘게 움직여 몰입할 수 있는 취미는 많다.

그런데 손재주야말로 감을 닦는 데 탁월한 효과가 있다. 사람의 손은 동물들과 달리 엄지손가락이 다른 손가락과 맞닿을 수 있는 구조를 가지고 있다. 손은 27개의 뼈로 구성되어 있는데, 두 손의 뼈를 합치면 54개로, 인간의 몸을 구성하는 206개의 뼈 가운데 26퍼센트가 손에 집중되어 있다. 우리는 일생에 걸쳐 손가락을 최소한 2,500만 번 이상 굽혔다 폈다 한다.

발도 많은 역할을 하지만 손에 비하면 단순한 일들이다. 손만큼 다양한 분야에서 정교하게 활용되지는 않는다. 인간은 정교한 손을 조작해 위대한 문화와 과학기술을 발달시킬 수 있었다. 철학자 칸트는 손을 '눈에 보이는 뇌의 일부'라고 명명하기도 했다. 손을 바삐 놀리다 보면 최소한 헛생각에 빠져 망상으로 기우는 일은 없다. 부지런한 사람은 손을 움직여 자기 몫만큼의 삶을 살아간다.

그 후로 프라모델 몇 박스를 더 사다 놓았다. 언제라도 개봉해 몰입의 희열을 누릴 수 있다는 생각만으로도 위안이 된다.

# 한 끼의 식사는
# 한 사람의 생에 대한
# 스토리다

모임 멤버 중에 대기업의 기획 담당 임원이 있다. 출장이며 회의에 쫓기느라 모임에 자주 나오지는 못한다. 그런데 그가 이따금 친구나 후배들을 청할 때가 있다. 평소 만나지 못했던 사람들을 몇 명씩 모아 식사 약속을 잡는 것이다.

피곤해 보이는 그의 뒷모습에서 쓸쓸함을 느끼기도 했다. 큰일을 맡은 그는 그 책임을 자기 어깨로 걸머져야 한다는 부담감에 지쳐 있는 듯 보였다. 그러니 힘들 때마다 친한 사람들 사이에 그 외로움을 뿌리기 위해 식사자리를 만드는 게 아닐까 짐작하기도 했다. 마치 영화 「쇼생크 탈출」에서 주인공 앤디 듀프레인이 교도소를 탈출하기 위해 밤새 벽을 파낸 흙을 주머니에 넣었다가 운동 시간에 조금씩 흙바닥에 뿌린 것처럼 말이다.

하지만 나중에 알고 보니, 그가 사람들을 초대할 때는 대개 회사가 새 사업을 한창 준비하는 시기였다. 그럴 때마다 내부 일정을 줄여 회사 밖의 사람들을 만나 함께 식사를 했던 것이다. 그렇다고 신규 사업에 대한 조언을 들어보려고 사람들과 만나는 것은 아니다. 그는 회사의 일, 그것도 기밀사항을 친구나 선후배들에게 털어놓고 상담을 받는 사람이 아니었다.

점심 모임에선 주로 질문을 하고 듣는 입장이다. "그동안 어떻게 지냈냐?" "요즘은 어때? 바쁘지?" 안부인사를 주고받다 보면 사람들의 일과 가정생활, 관심사로 대화 주제가 반경을 넓혀간다. 결국에는 먹고사는 문제와 세상 돌아가는 이야기로 귀결된다. 그런데 그는 왜 새로운 도전을 앞두었을 때마다 금쪽 같은 시간을, 신규 사업과 직접적인 관계가 없는 사람들과의 점심 식사에 집중적으로 할애했던 것일까?

**한 끼 음식을 나누면,**
**번쩍이는 통찰도 나누게 된다**

———

마음을 짓누르는 부담감을 조금이나마 해소하려는 '숨 돌리기'

의 목적도 없지는 않았을 것이다. 하지만 한두 번도 아니고 여러 사람들과 거듭해서 비슷한 모임을 가진 것을 보면 뭔가 중요한 목적이 있을 것 같았다. 그래서 단도직입적으로 물어보았고, 이런 대답을 들을 수 있었다.

"사람들과 어울려 다양한 이야기를 듣다 보면 조언보다 훨씬 큰 것을 얻을 수 있어요. 인사이트Insight, 그러니까 일종의 통찰 같은 것인데요. 전부터 알던 것들 사이에 부족했던 연결고리가 저절로 연결되면서 더 큰 깨달음을 얻곤 합니다. 나는 그걸 '아웃사이트 Out-sight'라고 이름 붙였죠. 다른 사람들에게서 오는 영감이니까요. 격의 없이 편하게 이야기가 오가는 식사 모임이 그런 영감을 얻을 수 있는 자리죠."

그의 설명이 단번에 납득이 되었다. 누구든, 남들에게 편견을 가진 것처럼, 자기가 추진하는 일의 방향이나 스스로가 내린 결정에 대해서도 역시 편견을 갖게 마련이다. 자신감을 갖고 추진해온 일이라면 그것에만 집중하는 바람에 더욱 시야가 좁아졌을 가능성이 크다. 내 것밖에 보지 못하면 결국 실수로 이어지게 되어 있다.

우리의 성장은 경험을 얼마나 많이 하느냐가 아니라,

그 경험을 얼마나 많이 되새기느냐에 달려 있다. _랄프 W. 소크만

다양한 관점을 받아들여 여유 있게 다시 둘러보면, 놓쳤던 부분

을 발견할 수 있을 뿐 아니라 더욱 큰 안목으로 외연을 넓힐 수 있다. 그러기 위해선 새로운 사람들의 새로운 이야기가 필요하다. 보편적 정서로 주의를 환기시키며 보편성으로 감과 촉을 가다듬는 것이다.

그런 과정을 통해 더욱 진화된 차원의 확신을 얻는다. 확신이란 굳어 있는, 변함없는 상태가 아니다. 특히 일에서의 확신은 계속 점검해 물을 주어 자라게 해야 하는 나무와 같다. 사람들의 다양한 관점과 안목을 받아들여 감을 닦는 데는 편안한 식사 자리만 한 기회가 없다.

"내가 이런 상황인데 어떻게 하면 좋을까?" 하고 물을 필요가 없다. "어떻게 지내? 요즘 어떤 것에 관심이 있어?" 이런 식의 평범한 질문으로도 일상을 또 다른 관점에서 해석한 주옥같은 대답들을 건져 올릴 수 있으니 말이다.

### 무엇을 먹느냐보다
### 누구와 먹느냐가 중요한 이유

────

나는 밥을 먹을 때 '식당'보다 '사람'을 가리는 쪽이다. 사실 웬만큼 손님이 드는 음식점이라면 맛을 심각하게 걱정할 필요는 없다. 그러나 사람은 천차만별이어서 누구와 함께 먹느냐에 따라 행복한 한 끼가 되기도 하고, 소화제로도 개운치 않은 불편한 경험이 되기도 한다.

그가 추천하는 메뉴를 통해 그 사람이 어떤 스타일인지 감을 잡을 때도 있다. 어떤 사람은 지나치게 자극적인 음식들을 고집해, 그와 함께 끼니를 때우고 나면 종일 물병을 입에 달고 살게 된다. 또 어떤 사람은 매우 까다롭게 따지는 바람에 메뉴의 선택 과정 자체가 고역일 때도 있다. 반면 입맛을 살려주는 메뉴를 잘 선택해 함께 식사할 때마다 편안한 기분을 느끼게 해주는 이도 있다.

대개 좋은 요리란, 만들어내는 감각 못지않게 그것을 알아보고 즐길 수 있는 이의 감각 또한 중요하다. 자극적인 음식이 나쁘다는 것은 아니다. 사람마다 취향이 제각각이고 입맛이라는 게 간사해서 때와 장소에 따라 다르게 느껴지니 말이다.

상대가 어떤 사람인지 궁금하다면 밥 한 끼를 함께 먹어보는 게 좋은 방법이다. 그의 삶을 마치 단면도처럼 잘라 보여주는 게 특유의 식성과 식사자리에서의 태도이기 때문이다. 이런 감각은 사람들 사이의 은근한 배려나 공감과도 맞닿아 있다. 입맛만 보아도 그 사람이 살아온 환경과 스스로 갈고 닦은 감각을 어느 정도는 짐작할 수 있다. 함께 식사를 해본 경험이 곧 그 사람에 대한 느낌으로 남는다. 비록 한 끼의 식사일 뿐이지만, 그 안에는 무한한 스토리가 담겨 있다.

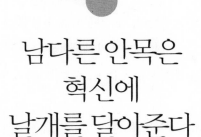

# 남다른 안목은
# 혁신에
# 날개를 달아준다

서구의 유명 화가 중에 자화상을 가장 많이 남긴 이는 렘브란트로 알려져 있다. 평생에 걸쳐 최소 95점 이상의 자화상을 그린 것으로 추정된다. 화가들에게 있어 자화상은 가장 쉽게 접근할 수 있는 작품활동이다. 모델을 구하려면 돈과 시간이 필요한 반면 자화상은 의욕과 동기만 있으면 언제든 그릴 수 있기 때문이다.

화가는 자화상을 그릴 때, 거울에 비춘 자기 모습을 객관적으로 화폭에 담으려 한다. 그러나 우리가 셀카에 '얼짱 각도'를 활용하거나 '뽀샵질'을 하는 것처럼, 화가들 또한 자신의 용모를 미화하는 경우가 많았다. 스스로를 객관화한다는 게 쉬운 일은 아니기 때문이다. 하지만 렘브란트는 다른 차원으로 스스로를 돌아봤다. 젊은 시절부터 노년까지 나이 들어가는 자신의 용모를 있는 그대로 생생하게 그려냈다. 특히 노년기 그의 자화상에선 초연한 눈으로 자신에게 인생의 의미를 묻는 듯한 느낌에, 분위기마저 묵직하다.

## 영어단어를 30분에 100개씩
## 암기할 수 있는 능력의 원천

인간은 깨어 있는 시간의 대부분을 다른 이를 보는 데 사용한다. 그러나 다른 이에게 향했던 시선을 스스로에게로 돌리면, 그제서야 비로소 자신을 이해하게 된다. 그리고 스스로에 대한 이해는, 다시 한 번 다른 이를 깊이 이해하는 계기가 되어준다. 이런 과정의 숱한 반복을 통해 시야가 넓어지고 사고의 차원이 깊어진다.

우리의 재능은 뇌와 깊은 관련이 있다. 최신 뇌과학이 밝혀낸 '신경가소성 원리'에 의하면 뇌는 끊임없이 외부의 자극에 반응해 새로운 신경 연결망을 만들어간다. 신경가소성Neuroplasticity이란 인간의 두뇌가 경험에 의해 변화되는 능력을 말한다.

예를 들어 매일 30분 동안 영어단어를 20개씩 외우다 보면, 뇌에서 그 부분을 맡는 분야가 집중적으로 발달해 1년 후에는 30분에 100개씩 암기할 수 있는 수준으로 발전하게 된다. 예전과는 다른 차원의 실력으로 거듭나는 것이다. 같은 자극이나 경험 패턴을 반복하면 뇌의 기존 연결망이 강화된다. 반면 새롭고 낯선 것에 빠져 시간을 보내면 신경망에 이와 관련된 새로운 경로가 추가된다. 예전의 경로를 무시해도 될 만한 새로운 경로가 생길 경우 기존 연결은 용도 폐기된다.

우리가 발휘하는 감 또한 뇌의 신경가소성 원리와 맥락을 같이한다. 특정 분야에 대한 연습과 훈련으로 수없는 반복이 일어나면 뇌 신경세포에서 신호를 전달하는 부분을 감싸는 '미엘린'이 두꺼워진다. 뇌가 이를 '정기노선'으로 받아들여 KTX 수준의 전용 고속선로를 깔아주는 것이다. 고도로 발달된 감도 이 고속선로를 따라 신호를 주고받는다.

### 평범한 사람과 천재의 차이는
### 기회를 발견하는 안목에 있다

———

화가 이중섭은 오산과 원산에서 10년간 소에 미쳐서 살았다. 틈나는 대로 들판에 나가 소와 더불어 생활하며 소의 일상을 살폈다. 눈으로만 관찰한 게 아니라 오감으로 받아들였다. 만지고, 쓰다듬고, 눈 맞추고, 함께 걷고, 냄새를 맡으며 소의 등에 기대보기도 했다. 남의 소를 하루 종일 지켜보다가 소도둑으로 몰려 경찰에 붙들려간 일도 있다.

이 과정을 통해 이중섭이 발견한 소는 들녘에서 풀을 뜯거나 논을 가는, 어디서나 흔히 볼 수 있는 평범한 소가 아니었다. 하늘을 우러러 울부짖으며 거친 숨결을 토해내고, 때로는 결기를 품고 싸움에 나서는, 주변에서 쉽게 보기 어려운 소였다. 이중섭의 소가 처연한 감동을 주는 것도 이와 맥락이 닿아 있다. 외롭고 서글프며 상처받았으나 고난 위에 우뚝 서는 우리들의 모습을 시대를 초월해 형상화해놓았기 때문이다.

누구에게나 '나만의 탁월한 감'이 있다. 그 감이 집중적으로 계발되어 어느 누구도 범접할 수 없는 수준에 도달하면 '천재성'으로 발휘된다. 평범한 사람과 천재를 가르는 결정적인 차이가 바로 '안목'이다. 천재는 평범한 사람들이 보는 것과 전혀 다른 차원으로 본다. 신경가소성이 뇌의 새로운 두 지점을 연결해 일상에 변화를 불러온다. 감과 안목, 호기심, 즐거움이 연쇄폭발처럼 이어지며 차이를 더욱 벌려놓는다.

새롭게 관찰된 당근 하나가 혁명을 일으킬 날이 올 것이다. _세잔

남다른 안목은 비즈니스에서도 마찬가지다. 대부분의 영업사원은 '내가 원하는 바를 관철하기 위해 상대를 어떻게 설득할 것인가'에 몰두한다. 그러다 보니 자기 생각에만 빠져 상대가 무엇을 원하는지는 살피지 못한다. 엄밀히 따지면, 실적 부진의 책임은 절반 이

상이 조직 탓이다. "실적을 내라"며 닦달만 하니까, 직원들이 널린 기회를 발견하는 안목을 기르지 못하는 것이다.

미국 뱅크오브아메리카(BOA)가 수수료 혜택만으로는 신규 고객 유치에 한계가 있다는 판단에 따라 외부 전문가집단(IDEO)에 방안 마련을 의뢰했다. IDEO가 시작한 것은 관찰과 분석이었다. 그 결과 많은 사람들이 물건을 구매한 뒤 생기는 잔돈을 귀찮아하는 것을 발견했다.

IDEO는 신개념의 저축예금 서비스를 은행 측에 제안했다. 이는 체크카드로 제품을 구매할 때 센트 단위의 잔돈을 올림해서 결제하고 추가 청구된 금액 만큼을 고객의 저축계좌에 적립해주는 예금 서비스였다. 고객들은 티끌이 모여 번듯한 금액이 되는 게 신기해서 관심을 갖게 되었다. 은행은 편안한 방법으로 조금씩 저축을 하고 싶은 고객들의 욕구를 자극함으로써 신규 고객들을 유인할 수 있었다.

캠페인을 마감한 결과, 무려 1,200만 명의 고객이 늘어난 것으로 분석됐다. 조직에도 신경가소성의 원리가 적용된다. 회사의 책임 있는 간부들부터 고객을 눈여겨보고 그들이 인식하지 못하는 내면의 동기를 찾아내다 보면, 대안을 모색하는 시도가 조직의 신경망을 타고 번지게 된다. 그중에 엉뚱할 수도 있는 확산적 사고가 조직의 감에 혁신의 고속도로를 뚫어주기도 한다.

이런 과정이 수렴되어 일궈가는 게 곧 혁신이다. 혁신은 또한 공감을 기반으로 이뤄져야 한다. 혁신의 성공 여부는 구성원들이 얼마나 서로를 인정하고 공감하느냐에 달려 있다고 해도 과언이 아니다. 안에서 인정받는 구성원이 밖으로 눈을 돌려 고객과도 공감할 수 있다.

# 어떤 부모도
# 아이의 더듬이까지
# 닦아줄 수는 없다

어느 모임에나 엉덩이 가벼운 사람이 있다. 궂은일을 도맡아 하는 사람, 이른바 총무나 무수리 역할을 하는 이들이다. 그들은 식당에서 자리에 앉자마자 각자의 컵에 물을 따라주고, 수저를 놓아준다. 탁월한 눈썰미로 주변을 살핀다. 누군가 물컵을 엎으면 눈 깜짝할 사이에 물수건을 가져다 테이블을 닦는다.

사람들에 대해 미리 파악해놓고 있다가 그에 맞춰준다. 물을 자주 마시는 사람 앞에 물병을 놔주고 반찬을 많이 먹는 사람 앞에 새 반찬 접시를 놓아준다. 그런데 이런 총무나 무수리 스타일의 부모

밑에서 자란 아이가 똑소리 나는 경우가 은근히 많다. 내가 봤던 몇몇은 특히 이채로웠는데, 여러 사람의 얘기를 들어보니까 다들 주변에 비슷한 사례가 있다는 반응이었다.

생각해보면 엄마 아빠의 다정하고 살가운 보살핌 속에서 자란 아이가 주고받기와 사리분별을 잘하는 것은 당연한 일이다. 아이의 지능과 정서에 가장 직접적인 영향을 미치는 게 부모의 양육 태도니 말이다. 정신분석학자 볼비와 심리학자 에인즈워스는 다정하고 민감하게 반응하는 부모에게서 자란 아이일수록 도전정신을 발휘하며 삶을 즐기는 성향이 뚜렷하다는 연구결과를 발표하기도 했다.

무수리 엄마나 총무 아빠의 보살핌은 '대가를 기대하지 않고 먼저 주는 게 좋은 것'이라는 세상살이의 감을 아이의 무의식에 형성해놓는다. 스스로에 대한 신뢰를 보내는 데도 마찬가지다. 이렇게 성장한 아이는 늘 남들보다 앞서 움직이므로 자신의 실패를 남의 탓으로 돌릴 이유가 없다.

## 스스로 알을 깨고 나온 아이는
## 그만큼 강해진다

대부분의 아이가 7~8세 무렵이면 언제 도전하고 물러설 것인지를 또래들 속에서 터득하게 된다. 이때가 외부에 반응하며 세상을 가늠하는 감을 기르는 가장 중요한 시기며, 동시에 아이의 성장과

독립의 중대 변곡점이기도 하다. 아이 스스로 적응하며, 성공 또는 실패를 통해 세상살이의 감을 익혀야 한다.

그렇다면 부모의 보살핌도 이에 맞춰 진화할 필요가 있다. 다가서서 보살필 때와 물러나서 지켜볼 때를 구분할 줄 알아야 하는 것이다. 그리고 아이가 성장할수록 더 많이 물러나는 게 당연하다. 그런데 적지 않은 부모가 우리 애만은 고생 없이 자라기를 바라는 마음에 아이가 겪어야 할 과정에 하나하나 개입해 차단하거나 대신해주려 든다. 다른 곳에선 대접받는 부모가 아이에게만은 무수리 역할을 자처하는 것이다.

하지만 엄마 아빠를 통한 간접 경험은 아이가 우여곡절을 통해 몸소 터득한 지혜에 못 미칠 수밖에 없다. 그 결과 '유리병 세상 속의 왕자와 공주'가 탄생한다. 머릿속에 자기 생각만 꽉 차 있어서 말귀를 알아듣지 못하는 것은 물론이고, 주변 사람들을 살필 겨를이 없으므로 분위기 파악을 하지 못한다.

아무리 성적이 뛰어난들, 세상살이의 더듬이를 닦지 못하고 자라면 삶이 피곤하고 괴로워진다. 이처럼 유리병 세상 속의 왕자와 공주는 부모의 지지와 사랑을 받으며 자랐음에도 불구하고 바깥세상에서는 배척의 대상이 되곤 한다. 좌절한 아이는 모든 것을 부모 탓으로 돌린다. "이게 다 엄마 때문이야!" 전혀 틀린 말은 아니다. 내 아이에게만 스포트라이트를 비춰주고픈 엄마의 노력이 아이를 또래들 사이의 '표적'으로 만들 수도 있기 때문이다.

남에게 아무것도 줄 수 없는 자는 아무것도 느낄 수 없다. _프리드리히 니체

잘 살피는 부모는 아이에게 진정으로 필요한 사랑과 교육이 어떤 것인지 깨닫고 있다. 이들은 아이가 자라는 만큼 울타리를 넓혀준다. 사랑으로 보살피는 한편, 조금씩 뒤로 물러나 아이 스스로 성장하도록 지켜봐주는 것이다.

이 세상에 아이가 고생하기를 바라는 부모는 없기에, 아이가 힘들어하는 것을 어쩔 수 없이 지켜봐야 하는 부모 심정은 괴롭다. 그러나 부모는 아이가 스스로 알을 깨고 나오지 않으면 이 세상에 우뚝 설 수 없다는 점도 헤아려야 한다. 힘들여 쪼고 깨는 과정을 반복해가며 아이는 세상살이의 감을 차근차근 익히게 된다. 부모에게 필요한 것은 아이가 알을 깨고 나올 때까지 지켜봐주는 지혜다.

### 예일대 실험 결과 :
### 부모의 지지를 적게 받은 사람이 좌절감을 잘 극복했다

예일대의 연구자들이 중산층 출신 고학력자 집단을 대상으로 분석을 해보았다. 좌절감을 잘 극복하는 사람들과 그렇지 못한 사람들을 분류해 성장 환경의 차이를 확인해보는 연구였다. 진술 및 실험 결과의 진실성을 확보하기 위해 가족과 친구들에게 당사자의 평소 행동특성을 확인하기까지 했다.

분석 결과는 예상 밖이었다. 좌절감을 잘 극복하는 사람들은 "어린 시절 부모에게서 지지를 적게 받았다"고 대답한 반면, 좌절감을 떨치기 어렵다는 사람들이 외려 "부모에게서 아낌없는 지지를 받았다"고 응답한 것이다.

대다수 부모가 아이 교육에 올인하면서도 진정한 교과서는 그들 자신이라는 진실을 간과한다. 부모는 아이의 '살아 있는 교과서'다. 아이는 부모의 뒷모습을 보고 배우기 때문이다. 엄마 아빠의 잘 살피는 눈썰미와 가벼운 엉덩이를 보고 자란 아이는, 다른 이의 표정만 보고도 원하는 바를 알아채고 하나를 들으면 열을 깨닫는 비범함을 갈고 닦는다. 동료들과 조화를 이루며 스스로를 낮춰 큰 리더십을 발휘할 줄 아는 재목으로 성장한다. 대체로 뛰어난 정서지능의 소유자들이다.

그러니 진심으로 아이의 앞날을 생각한다면 부모가 먼저 '나는 어떤 삶을 살고 있는지' 돌아볼 필요가 있다. 부모는 자기 삶을 잘 살고 있는지를, 아이를 통해 확인해볼 수 있다. 부모가 먼저 자기 더듬이를 잘 닦으면 아이 또한 부모를 모방해 충실하게 살아가게 마련이다. 굳이 총무나 무수리 정도는 아니어도 남들을 세심하게 챙겨주며, 종종 아이에게서 물러나 기다려줄 줄 안다면 부모로서 잘 살아가고 있는 것이다.

# 서는 곳이 바뀌면
# 풍경이 달라진다

바쁜 일상 속에서도 잠시 짬을 내어 나의 느낌 안테나를 닦고 조이고 기름 치는 방법이 있다. 하루 10분~15분이면 충분하다. 나는 점심 때 짜투리 시간을 활용해 빌딩의 20층까지 계단으로 걸어 올라간다. 다만 천천히 올라간다. 5층까지 오른 뒤에 잠깐 숨을 돌리고 다시 슬슬 걸어 올라간다. 왼쪽 무릎이 좋지 않은 나에게는 계단 오르기가 꽤 좋은 근력운동이다.

다리를 움직여 걷는 것의 효용 중 하나는, 걷는 리듬에 맞춰 이런 저런 생각들을 마치 저글링처럼 돌릴 수 있다는 점이다. 우리는 삶의 모든 순간에서 무언가를 느낀다. 지하철에서, 회사에서, 회식자리에서 독특한 그때만의 느낌을 받는다. 어떤 느낌은 강렬한 자극으로 다가와 나의 반응과 행동으로 연결된다. 그러나 어떤 느낌은 스치듯 지나가버려 찜찜함이나 의문을 숙제처럼 남겨놓기도 한다.

## 다리를 움직이면
## 머리가 맑아진다

———

계단을 오르는 시간을 통해 그런 기억들을 다시 꺼내 공놀이하듯 이리저리 돌리는 여유를 누릴 수 있다. 상황을 여러 가지로 해석하며 어떤 느낌이었는지 감을 잡게 된다. 사실, 이런 묘한 느낌의 대부분은 주변 사람들과의 관계에서 비롯될 때가 많다. 그게 어떤 것인지 감을 잡을 수 있다면 문제가 복잡해지기 전에 풀어가는 것은 그다지 어렵지 않다.

곰곰이 생각하며 한 계단씩 걸어 올라가는데, 계단 오르기는 나만의 산책법이기도 하다. 산책에선 많은 사람과 마주치는 반면, 고층 빌딩의 계단을 오르다가 누군가를 만날 확률은 제로에 가깝다. 그 또한 좋은 점이다. 마침내 20층에 이르면 오늘을 잘 살고 있다는 뿌듯함이 머리털을 곤두서게 한다.

10층을 넘으면 조용히 내쉬는 호흡에 집중하게 된다. 어떤 생각이 떠오르더라도, 그 생각에 얽매이지 않는다. 내가 그 생각을 분석하고 꼬리표를 달아 분류하지 않아도 그저 느끼는 것만으로도 '어쩐지 괜찮을 것 같은' 결론에 생각이 도달해 있다.

15층에서 잠시 쉬었다가 다시 한 계단 또 한 계단을 오르다 보면 머리가 비워지고 마음은 뭔가로 채워진다. 무엇을 어떻게 해야만 한다는 강박도 내려놓게 된다. 그 모든 생각에서 자유로워진달까? 무거운 배낭을 벗어던지는 느낌과도 비슷하다.

전문가들에 따르면, 익숙한 길을 걷는 단조로운 과정(나의 경우는 계단)을 통해 외부의 자극에 맞춰져 있던 주파수가 차츰 내면으로 향하게 된다고 한다. 스스로의 느낌과 생각에 집중해 머릿속을 어지럽히던 생각의 실타래가 풀린다는 것이다.

오래 전부터 수많은 학자와 작가들이 매일 똑같은 코스를 산보했던 것도 걷기의 이 같은 유용성을 깨달았기 때문일 것이다. 2014년 미국 스탠퍼드대학의 연구팀은 걷기가 창의적 능력을 60퍼센트나 높여준다는 분석 결과를 내놓기도 했다.

**마음 유산소 운동으로**
**단단한 내면과 건강한 삶을**

———

당연히, 내려올 때에는 엘리베이터를 이용한다. 무릎을 보호하기 위해서다. 등산처럼 계단도 내려올 때가 더 위험한데, 우리의 삶은 더욱 그렇다. 기를 쓰고 목표에 도달해놓고는 스스로를 관리하지 못해 날개를 잃은 이카루스처럼 추락하는 이가 한둘이 아니다. 말로는 뻔한 자기관리를, 성공 이후까지 꾸준하게 이어가는 사람은 그야말로 극소수에 불과하다. 자기관리는 몰라서가 아니라, 뻔하기 때문에 어려운 것이다.

진정한 발견은 새로운 지역을 찾아가는 것이 아니라
새로운 시선을 보내는 데 있다. _마르셀 프루스트

　계단 오르기는 내 방식의 유산소 운동이다. 좋은 기분이 모세혈 관까지 전해져 오후의 걸음을 가볍게 해준다. 걷기가 기초체력을 길러주는 것처럼, 마음 유산소 운동은 고된 세상살이를 버텨내 밀고 나갈 수 있는 내면의 기초를 단단하게 만들어준다. 동시에 낡은 생각의 노폐물들을 태워 없애준다. 그것들이 없어진 자리에 새롭고 건강한 느낌들이 자리를 잡으면, 난관을 헤쳐 나갈 자신감이 솟는 다. 예민해졌던 신경이 가라앉고, 모났던 부분들이 둥글게 다듬어 져 있으며, 바닥난 에너지가 어느새 채워져 있다.

　그렇게 되면 더 많이 보이고 더 많이 들린다. 아침에는 대수롭지 않게 지나쳤던 건물 숲 사이의 햇살이 눈에 들어온다. 바람이 나뭇 잎에 스치는 소리가 들리고, 공기의 흐름이 느껴진다. 내 주변을 채 우고 있는 수많은 느낌들이 온전하게 감지된다. 이처럼 느낌 안테 나를 닦고 나면 또 몇 걸음 나아간 내가 보인다.

# 누군가가 싫다면
# 나를 닮았기
# 때문이다

뭘 어떻게 해도 기분 나쁜 말을 내뱉는 선배가 있었다. 실수를 하면 욕을 바가지로 퍼부었고, 깔끔하게 처리해도 "이게 뭐냐"며 깔아 뭉갰다. 어쩌다 내가 높은 분한테 칭찬이라도 받으면 기회를 엿보다가 얼음물을 부어 '기분 통장'을 마이너스로 만들어주곤 했다. 물론 나에게만 그러는 것은 아니었다.

그 무렵, 누군가의 에세이에서 흥미로운 대목을 발견했다. 싫은 사람이 있다면 그 이유를 다섯 가지씩 매일 써보라는 내용이었다. 그렇게 하면 싫은 기분의 앙금을 가라앉힐 수 있다는 거였다.

에세이의 취지와는 관계없이 선배의 싫은 점을 생각나는 대로 써보았다. "잘난 척한다. 독선적이다. 자기가 원하는 것을 강요한다. 남을 함부로 대한다. 정치적이다." 어느 조직에나 이런 사람이 있다. 이런 사람들은 다른 이가 인정받는 것을 절대로 용납하지 못한다.

다음날에도 그 밑에 다섯 가지를 썼다. "싸가지 없다. 후배들을 도구처럼 여긴다. 상사한테 아부한다. 기분 나쁜 표정으로 남을 본다. 거만하다." 쓰다 보니까 부두교의 주문을 외우는 것 같아 속이 후련했다. 하지만 며칠 지나지 않아, 그의 '신선한' 싫은 점이 더 이상 떠오르지 않았다. 시간낭비 같아서 그만두고 말았다.

그렇게 다섯 가지씩 써보는 과정에서 싫은 사람과 미운 사람의 느낌이 다르다는 것을 알게 되었다. 싫은 기분이 그 사람 주변에 가까이 가고 싶지 않은 것이라면, 미워하는 기분은 관심을 갖고 적극적으로 살피는 것이다. 그렇기에 미워한다는 것은 관계 개선의 여지가 남아 있음을 뜻하기도 한다. 물론 그 선배는 어쩔 수 없이, 그냥 싫은 사람이었다.

## 싫은 사람이 많다면
## 발전의 기회도 많다

우리들 대부분은 누군가에 대해 싫은 느낌이 강해지면, 다양한 가능성의 안테나를 꺼버린 채 오로지 싫은 부분만 확대해 해석한다. 하지만 그 대상의 뒷모습을 가만히 지켜보면, 그 역시 나와 다르지 않은 존재라는 것을 알게 된다. 이윽고 '그의 싫은 점'이 '나 스스로의 미운 점'과 비슷하다는 각성까지 얻게 된다.

우리가 할 수 있는 최고의 일은
자신을 놀라게 하는 것이다. _스티브 마틴

몇 달 뒤, 메모 노트에서 '싫은 점 시리즈'를 다시 발견했다. 써놓은 것들을 훑어보다가 묘한 느낌을 받았다. 그 느낌이 내 생각의 프레임을 재구성했다. 선배의 싫은 점, 그 밑바닥에 깔린 정서가 어색하지 않았던 것이다. 드러나는 양상만 투박할 뿐 매우 익숙한 정서의 결핍이 감지됐다. '선후배들의 인정을 받고는 싶으면서도 한편으로는 소심해서 치고 나가지도 못하는 이도저도 아닌 어정쩡한 존재.' 그것은 바로 나이기도 했다.

선배가 나를, 동시에 내가 선배를 싫어한 것은, 각자가 스스로에 대한 증오를 외재화한 것일 수도 있다. '외재화'란 외부의 대상을 통해 자신의 감정을 느끼는 것이다. 정신분석학자 카렌 호나이는 부정적 외재화에 대해 "다른 사람을 경멸해야 할 존재라고 생각하지만 실제로는 본인 스스로를 경멸해야 할 존재라고 생각하는 것"이라고 풀이했다.

그 선배가 싫은 이유를 되돌아보며 그때 내린 결론은, 나중에 아무리 잘못 풀리더라도 그런 선배는 되지 말아야겠다는 것이었다. 그것은 선배가 나에게 반감을 드러내거나 비아냥으로 괴롭혔던 것을 다른 후배들에게 대물림해선 안 되겠다는 뜻이기도 했다.

## 나를 더 괜찮은 사람으로 만드는
## 험담 노트의 힘

지금 돌이켜보면, 선배가 드러냈던 반감의 표현 가운데 일부는 공격이 아니라 관심을 얻으려는 시도였을 수도 있겠다는 생각이 든다. "넌 괜찮은 존재야"라고 말해주는 이가 없으니 비슷한 후배에게 분풀이를 하면서라도 스스로가 괜찮은 사람임을 확인하려 했는지도 모를 일이다. 그의 '괜찮다'는 기준은 출세였고, 그가 입버릇처럼 내뱉던 말은 "사내자식이 그래서 출세나 하겠어"였다.

전해 듣기로 그 선배는 여전히 예전의 정체성을 유지하고 있는 모양이다. '아무리 잘못 풀리더라도 그런 선배는 되지 말아야겠다'는 나의 결심과는 무관하게, 매우 잘 풀려 출세를 거듭했고 지금은 높은 자리에 올라 있다.

싫다는 느낌은 구체적으로 딱 떨어지기보다는 모호할 때가 많다. '어쩐지 싫은' 정도라면 더욱 애매하다. 험담 노트에 싫은 점을 써보는 것이 분을 삭이는 데는 확실히 도움이 된다. 며칠이고 쓰다 보면 분노가 가라앉는다. 그러다 시들해지면 내버려두면 된다.

시간이 흐른 뒤에 다시 들춰보면 생각이 달라진 부분이 눈에 들어온다. 온당치 않은 몇몇 비난은 지워준다. 그런 과정에서 나 스스로를 돌아보고, 다른 사람들에 대해서도 깊이 생각해보게 된다. 마침내 험담 노트가 효용을 다했다는 결론에 도달한다면 남은 감정을 투입해 잘게 찢어버리면 그것으로 그만이다.

스스로를 돌아봄으로써 더 괜찮은 사람이 되기 위한 감을 갈고 닦는다면 최소한 '마음에 안 들던 나'와 차츰 멀어질 수 있다. 싫은 사람을 통해 나를 더욱 발전시킬 수 있다니 놀라운 일 아닌가.

# 음악은
# 가장 확실한
# 영감의 초대장

기분이 가라앉는 날이 있다. 말에 가시가 돋힌 사람을 만나야 하는 날, 피하고 싶은 자리에 가야만 하는 날, 부담감 백 배의 일을 마쳐야만 하는 날이 특히 그렇다. 머릿속에는 핑계를 만들어 미루고 싶은 충동이 가득 들어찬다. 그렇지만 한편으로는 소용없음을 안다. 결국에는 체념하고 받아들인다.

이럴 때 필요한 게 음악이다. 나는 좋아하는 아티스트의 앨범 전체를 휴대폰의 플레이리스트에 넣어두고 듣는다. 중고등학교 음악 시간에 배우기로는 '장조는 기쁨' '단조는 슬픔'이라고 했다. 그런데 꼭 그런 것만은 아닌 모양이다. 때로는 단조에서 장조가 나오고 장조가 곧바로 차분한 단조로 넘어간다. 기쁨에서 슬픔이 떨어져 내리고 슬픔의 끄트머리에서 기쁨이 솟아난다.

환희에 차 있다가도 슬퍼지고, 암울하다가 희망적으로 바뀌기도 하는 앨범 하나를 듣고 나면 무거웠던 마음이 한결 가벼워지는 게 무척이나 신기하다. 음악 몇 곡으로 이렇게 편해질 수 있다니.

음악은 정신적인 매개체이기도 하다. 작곡가나 연주자는 자신이 느낀 기쁨과 슬픔, 고통, 연민 등을 듣는 이와 온전히 나누려고 한다. 듣는 이가 그 느낌을 받아들이면 공감대가 형성된다. 비록 가느다란 이어폰 줄로 이어져 있을 뿐이지만, 서로가 다르지 않다는 동질감이 안도감과 환희를 몰고 온다. 이런 식으로, 어떤 감동은 수백 년 떨어진 시공을 이어주기도 한다.

## 뮤즈의 여신과 함께할 때, 영감이 노크한다

일을 하다가 한계에 부딪혔을 때에도 음악이 필요하다. 답답한 기분에서 벗어나기 위해선 감정이입을 해줄 '좋은 것'이 절실해진다. 시원하게 뚫린 느낌, 그 리듬에 맞춰 다시 일의 스텝을 밟는다.

이질감 또는 부조화를 감지할 때가 있다. 낯선 느낌이 고리를 풀고 문을 열면 누군가가 들어온다. '뮤즈Muse'가 찾아온 것이다. 뮤즈는 예술의 여신들을 뜻한다. 제우스와 므네모시네(기억의 여신) 사이에서 태어난 아홉 명의 딸들로 원래는 음악, 미술, 문학을 담당했으나 나중에는 철학과 역사, 천문학 등 광범위한 지적활동을 맡는 여신이 되었다. 'Muse'는 중세까지 '생각에 잠긴다'는 뜻으로 쓰이기도 했으며, 음악Music과 미술관Museum이란 단어도 그 어원이 여기에 있다.

원래 우리의 감은 충전 후에 리듬을 타야 고도의 집중력을 발휘하는 속성이 있다. 음악과 함께하는 적당한 긴장과 이완이 창의성을 자극하는 데 특히 도움이 된다. 음악만큼 감성으로 우뇌를 자극해주는 수단이 없기 때문이다.

한편 음악은 수학과도 떼려야 뗄 수 없는 관계다. 수학자 피타고라스가 음악의 평균율을 발견한 것처럼 음악과 수학은 서로 긴밀하게 넘나들며 발전해왔다. 감성과 논리는 장조와 단조처럼 한 뿌리에서 나온 것이기도 하다. 소설가 코난 도일이 셜록 홈즈를 바이올린 연주자로 설정한 것도 이런 이유가 아닐까 싶다. 그의 바이올린 연주야말로 고도의 두뇌 회전과 추리감각을 끌어내기 위한 뮤즈 역할을 했을 수도 있겠다.

영감은 일만 열심히 할 때가 아니라, 좋은 음악을 들으며 흥이 나서 일을 할 때 더 자주 노크를 해준다. 그도 그럴 것이, 음악의 어원인 뮤즈부터가 사람들에게 영감을 주는 존재들이라는 의미로 사용되어왔다. 노벨 문학상 수상자에게 주어지는 메달에도 뮤즈의 모습이 새겨져 있다. 사실 예술은 모든 영감의 원천이어서 일상과 명백한 경계를 구분 짓기가 어렵다.

## 생의 지루함 곁에
## 예술이라는 친구를 두어라

———

경쟁과 속도에 디지털 기술까지 결합한 대가로 우리가 얻은 것은 '의미가 퇴색되어버린 지금 이 순간'이다. 머리를 비우고 마음 편하게 쉬어보기를 열망하면서도 막상 그럴 수 있는 여유가 주어지면 한시도 지체할 수 없다는 불안감에 전전긍긍한다. 지금 내가 괜찮은지 알 수 없어 남들은 어떤지 알아봄으로써 위안을 찾으려고 한다. 누군가와 연결되지 않고서는 잠시도 혼자서 견디지 못하는 것이다.

하지만 인간의 삶은 근본적으로 지루함의 연속이다. 이런 지루함과 친숙해지려는 노력이 만들어낸 것이 바로 문화와 예술이다. 삶을 구성하는 시간의 마법은 '견디는 힘'이 아니라 '채우는 힘'일 때 불안과 만족 사이에서 균형을 잡아 우리의 생을 앞으로 나아가게 한다. 그렇다면 무엇으로 채울 것인가.

재즈나 클래식이라고 해서 전문적 지식을 가져야 할 의무는 없다. 그냥 좋은 선율과 분위기에 끌려 듣다 보면 나의 콘텐츠가 되어주는 것이다. 나는 속이 안 좋을 때에는 모든 약속을 취소하고 틀어

박혀 종일 음악만 듣는다. 가까운 이의 이해와 위안은 그것을 받아들일 만한 준비가 되어 있을 때에나 효과를 발휘하는 법이다. 음악 샤워로 마음을 정화하고 나면, 비로소 '약이 되는 다른 이의 말'을 받아들일 수 있을 정도로 회복된다. 비록 그 맛은 쓰더라도 말이다.

그래서 음악은 나의 가장 가까운 친구다. 지금 이 순간의 기분을 바꿔주고, 나만의 공간을 가득 채워줌으로써 충만감을 선사한다. 그리고 늘 새로운 영감의 방문을 유도하는, 평생에 걸쳐 우정을 이어갈 수 있는 변치 않는 친구다.

# 슬럼프에서
# 벗어나려면
# 느린 곳으로 가라

영국 가수 스팅이 TED 강연의 연사로 나섰다. '나는 어떻게 다시 작곡을 하게 됐나'가 주제였다. 그는 조선소가 있는 마을에서 자랐다고 자신을 소개했다. 건조중인 거대한 배가 해를 가려 어두운 마을에서 자란 그는 그곳을 벗어나기를 꿈꾸며 어린 시절을 보냈다고 한다. 스팅은 그 꿈을 이뤘다. 밴드를 만들어 성공했고, 세계적인 가수로 도약했으며, 모든 게 원하는 대로 풀려 전성기를 누렸다.

그런데 어느 순간, 깊은 슬럼프에 빠졌다. 매일 대하던 백지를 봐도 하얗기만 할 뿐 곡을 쓸 수가 없었다. "스스로에게 질문을 해봤어요. 그동안 내 것을 너무 많이 보여주는 바람에 신이 내 능력을 박탈해버린 것은 아닌지." 우리 식으로 표현하면 감을 잃은 것이다.

스팅은 고민 끝에 자신에 대해 쓸 게 없다면 다른 사람의 이야기로 곡을 쓰겠다고 결심했다. 그러고는 그토록 벗어나려 했던, 도망치려 했던 풍경을 찾아 다시 조선소 마을로 돌아갔다. 그곳의 이야기를 곡으로 쓰겠다고 결심하자 비로소 노래가 나오기 시작했다.

## 스트레스를 완벽하게 해소하려면
## 재미에 의미를 더하라

스팅의 이야기는 가끔 맥이 풀려 매너리즘에 빠지곤 하는 우리에게도 힌트를 준다. 뚜렷한 이유 없이 의욕을 잃었다면 감성 에너지가 소모되어 무뎌졌기 때문이다. 지친 마음으로는 감을 발휘할 수 없다. 그리고 소모된 감성을 충전하기 위해서는 다른 기운을 불어넣어줄 필요가 있다. 보통 '스트레스 풀기' 또는 '기분 전환'이라고 표현한다.

그런데 우리가 흔히 선택하는 수단은 '빠른 자극'이다. 술이나 게임, 노래방, 클럽, 액션 영화, 쇼핑, 화끈하게 매운 음식 같은 것들이다. 짜릿한 쾌감과 재미로 효과를 볼 수 있다. 다만 여기 추가해야 할 부분이 있다면 '의미'다. 재미에 의미를 결합할 때 비로소 깊은 만족감이 찾아온다. '재미있다'가 빠른 자극에 따른 반응이라면, '마음이 편해졌어'는 뿌듯함이 채워졌을 때의 표현이다. 의미는 느린 자극에서만 찾을 수 있다.

그렇다면 느린 자극을 통한 의미는 어떻게 충전할 수 있을까? 스팅처럼 해보면 된다.

## 혼자만의 여행은 오롯이
## 홀로 우주와 만나는 일이다
———

누구의 마음속에나 감성이 있다. 관리를 잘해주어 따뜻하고 부드러운 감성이 있는가 하면, 방치해둔 나머지 차갑게 말라비틀어진 감성도 있다. 말라비틀어진 감성의 소유자는 인간미 없다는 말을 자주 듣는다. 이처럼 딱딱해진 감성을 말랑말랑하게 풀어줄 수 있는 종합적인 방법이 바로 여행이다. 그것도 혼자 하는 여행이 제격이다. 스팅처럼 어린 시절의 추억이 담긴 곳을 찾아가 어른이 된 눈으로 되돌아보는 것도 좋겠다. 물론 고향이 아니어도 상관은 없을 것이다.

'혼자 하는 여행'의 백미는 모든 것을 내 마음대로 할 수 있다는 점이다. 오전 내내 따뜻하고 아늑한 숙소에 누워 꼼짝하지 않아도 된다. 일행이 없으니 점심식사 메뉴와 장소를 놓고 은근한 신경전을 벌일 필요도 없다. 인터넷의 요란한 맛집을 지나쳐 소박하고 정갈한 식당에서 천천히 음식을 맛볼 수도 있다.

거리의 모습과 자연 풍경도 눈에 더 많이 들어온다. 예전의 모습에서 얼마나 달라졌는지 비교해보는 것도 포인트다. 사진 촬영을 좋아한다면 더 좋은 결과물을 얻을 수 있다. 혼자 간 여행에서 건진 사진이 여럿과 동행했을 때보다 만족스러울 때가 많다. 어느 누구의 방해도 받지 않고 오로지 앵글에만 몰입할 수 있기 때문이다.

눈에 들어오는 멋진 자연 풍광이 오래 전에 익숙했던 것과 다름을 알게 된다. 음악이 필요할 땐 언제든 이어폰을 귀에 꽂으면 그만이다. 풍경에 빠져들면 이어폰으로 들려오는 음악이 그 주제곡이 되어준다. 때로는 이어폰을 빼고 물이 졸졸 흐르는 소리에 귀를 기울여볼 수도 있다.

이렇게 생각지 못했던 자극을 받을 때 기대하지 않았던 아이디어가 샘솟는다. 갈피를 잡지 못했던 신사업 기획안이든, 마케팅 플랜이든, 나태에 빠져 멀리했던 공부든 다르지 않다. 한결 편해진 마음속에서 영감, 아이디어, 실천계획이 해결의 실마리를 내민다.

슬럼프로 감을 잃었던 스팅이 어린 시절 도망치고 싶었던 고향으로 돌아갔을 때, 어떤 느낌을 받았을지 짐작이 간다. 숙소로 돌아와 따뜻한 물에 몸을 담그면 드디어 마음속 어느 부분에서 얼음 깨지는 소리가 들려왔을 것이다.

감탄하며 멈춰 서지 못하는 사람은
눈 감고 죽은 것이나 다름없다. _알버트 아인슈타인

혼자 여행을 하다 보면 사람이 그리워지게 마련이다. 혼잡스러운 곳을 떠나온 지 대략 30시간이 채 지나기도 전에 그런 증상이 온다. 물론 정도의 차이는 있을 것이다. 마주치는 다른 여행객들에게 친절을 베풀게 된다. 평소에는 사용할 일이 없던 능력을 발휘해 다른 이를 돕기도 한다.

혼자 생각하고 판단하기를 멈추는 순간이 오기도 하는데, 다른 사람에게 귀를 기울여야 할 때가 그렇다. 그곳의 사람들과 어울리다 보면, 떠나오기 전의 사람들에게 지쳐 앙상했던 마음에 속살이 차오르는 것을 느낄 수 있다. 비로소 세상에 대한 흥미가 꼬물꼬물 되살아난다. 관심과 흥미는 지적인 능력이 아닌 공감의 능력에서 생겨나기 때문이다.

재미있어 몰두했던 것들에 갑자기 싫증이 난다면, 또한 일상의 모든 게 무료하게 느껴진다면 '빠른 자극'에 내성이 생겼기 때문일 수 있다. 내성은 익숙해진 약의 약발이 떨어져 이전과 같은 효과를 얻기 위해 더 많은 약을 필요로 하게 되는 증상이다. 중독을 부를 수 있다. 중독은 에너지를 소모해 고갈시킨다.

외롭고 힘들고 지친다면 그럴 때마다 찾아가 의지할 수 있는 느린 장소, '힐링 스팟'을 만들어둘 필요가 있다. 그곳에서 느린 자극과 느린 반응에 나를 맡겨보자. 조급해하지 말고. 편안하게 나를 내려놓을 곳이 있는 사람은 어떤 상황에서도 용기를 잃지 않는다.

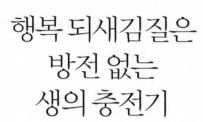

# 행복 되새김질은
# 방전 없는
# 생의 충전기

식사 자리에서 '행복했던 순간'이 난데없는 이야기 메뉴로 올랐다. 참석자 중 한 분이 "어린 시절에 매일 들렀던 재래시장에 지금도 가끔 가족을 데리고 간다"는 얘기를 꺼내면서 시작됐다.

그가 학교에서 돌아올 즈음이 어머니가 장을 보러 나가는 시간이었다. 집에 가방만 던져놓고 어머니를 따라 시장을 돌며 구경했다. 마지막으로 들르던 곳이 순대를 파는 노점이었는데, 거기서 순대와 떡볶이를 사 먹으며 어머니와 두런두런 얘기를 나누곤 했다는 것이다. 나이가 들면서 점점 더 바쁘게 살아왔고 그에 걸맞은 성공과 명성, 지위도 얻었으나 지금까지의 삶을 통틀어 가장 행복했던 순간이 바로 그 시절이라고 했다.

이야기를 들으며 머릿속이 하얗게 변했다. 그런 걸 생각해본 적이 없었기 때문이다. 신문 기자로 사회생활을 시작해서 사고방식에 인이 박혔기 때문인지도 모르겠다. 중요한 취재원에 대해선 시시콜콜 알려고 들면서 스스로에 대해선, 더구나 행복했던 순간 같은 것은 생각해볼 이유가 없었다.

그 자리에 있던 다른 분들도 훈훈한 기억을 풀어놓았다. 그중 한 분이 들려준 이야기다. 그는 먼 거리의 직장까지 출퇴근을 하던 시절이 있었는데, 손수 운전해 집에 도착하면 자정을 훨씬 넘길 때가 많았다. 말문이 겨우 트인 아이는 잠들어 있었다. 아빠라는 사람이, 새벽에 일찍 나갔다가 밤 늦게야 돌아오니, 주말 외에는 아이와 얼굴을 마주해볼 시간이 없었다. 아이가 자신을 아빠로 생각이나 해줄지 확신이 들지 않았다.

그러던 어느 날, 그가 씻고 들어와 아이 곁에 눕자 신기한 일이 일어났다. 아이가 선잠에 잠꼬대를 하는 것인지 조막만 한 손을 뻗어 그의 배를 살살 문지르는 거였다. 아기 방식의 토닥토닥이었을까. 가슴이 뭉클해졌다. '이런 게 바로 행복이구나' 하는 생각이 들었다. 종일 회사에서 시달리고 장거리 운전으로 쌓인 짜증과 피곤이 사르르 녹아 자취를 감추는 순간이었다. 지금도 그 순간을 떠올릴 때면 절로 웃음이 난다고 한다.

## 행복했던 한순간이
## 평생을 살아갈 힘을 준다

———

집으로 오는 길에 마침내 행복했던 순간 하나가 떠올랐다. '수영'에 성공했을 때였다. 이 얘기를 하기 전에 내가 '국가대표급 비체육인'이라는 점부터 밝혀야겠다. 특별히 자랑할 만한 것은 아니지만 그렇다고 창피한 것도 아니다. 사람마다 각자의 사정이라는 게 있는 법이니까.

과거 대학입시 때는 체력장이라는 게 있었는데 20점 배점이었다. 여기에 학력고사 320점을 합해 340점이 만점이었다. 내가 나온 고등학교에서 전교를 통틀어 두 명이 체력장 최하점수인 16점을 받았다. 그중 하나가 나였다. 다른 친구는 장애인이었는데, 감독관의 출석 도장만 받아 집으로 돌아갔다(지금은 신부님이 되어 있다). 이렇게 출석만 해도 최하점은 주는데, 나는 모든 종목을 빠짐없이 하고서 당당하게 최하점을 받았다.

이런 내가 수영을 하기로 마음을 먹은 것은 생존을 위해서였다. 부실한 몸뚱이일지언정 그나마 움직여 먹고살려면 수영을 배우라는 게 담당 의사의 충고였다. 얼마나 엄포를 놓던지, 그날 바로 동네 수영장에 등록을 했다. 첫 번째 도전은, 깊은 곳에 빠져 허우적대는 것을 옆 레인 아가씨가 '이 사람, 뭐지?' 하는 표정으로 건져준 것으로 막을 내렸다. 두 번째 도전은 킥판 잡고 발차기를 해도 앞으로 나가지 않아 수업방해만 하다가 포기했다. 빠지고 물 먹고를 반복하던 다섯 번째 도전까지 하고서 그만두었다.

수심이 얕은 '초보자 레인'이 신설됐다는 정보를 입수하고 나서 여섯 번째 도전을 결심했다. 이번에는 코치까지 제대로 만났다. 초인적인 인내심을 가진 사람이었다. "세월 이기는 거, 없어요. 그래도 이 수영장의 물을 다 먹기 전에는 성공할 수 있을 거예요."

비슷한 시기에 시작한 사람들이 고급반에 올라가 개인혼영(접영-배영-평영-자유형)을 할 때, 나는 겨우 자유형을 배우기 시작했다. 팔을 두어 번 젓고는 어김없이 물을 먹고 일어나기를 반복했다.

그러던 어느 날, 코치가 "물 먹어도 참으면서 끝까지 가볼 수 있겠느냐"고 물어왔다. 팔을 세 번 젓고 물을 먹었다. 코치가, 일어나려는 나의 충동을 감지하고 소리를 질렀다. "그렇지! 아주 좋아요! 세 번만 더!" 팔을 젓는 사이 또 물을 먹었다. 코치가 외쳤다. "거의 도착했어요. 진짜 세 번만 더!" 숨이 막혀 정신을 잃기 직전이었다. 그렇게 몇 번을 허우적대다가 손 끝에 닿는 벽을 느꼈다. 끝까지 헤엄친 것이다. 나로서는 역사적인 순간이었고, 어린아이처럼 마냥 즐거워했다.

자존심을 유지하기 위해서는 가끔 찬사가 필요하다.
그러니 아무도 찬사를 보내지 않는다면,
자신이 자신에게 찬사를 보내라. _마크 트웨인

여러 사람에게 가장 행복했던 순간을 물었다. '내 집 마련했을 때' 정도를 빼고는 돈이나 성공, 명예 때문에 행복했다는 대답은 들을 수 없었다. 행복했던 순간들은 거의가 어린 시절 또는 프러포즈, 여행, 아이와 관련된 기억들이었다.

그랬다. 행복의 기억은, 때묻지 않은 순수와 샴쌍둥이처럼 붙어 있는 것이었다. 그 기억을 생생하게 떠올려보면 지친 마음을 스스로 치유하는 것은 물론 행복의 감각까지 일깨울 수 있다.

영화감독 스티븐 스필버그는 인생에서 가장 행복했던 순간을 '아버지와 유성우를 구경하던 때'라고 회고한 적이 있다. 그는 영화 아이디어가 고갈될 때나 기분이 우울할 때마다 그 순간을 떠올린다고 한다. 그때의 행복했던 경험과 상상이 그의 SF영화를 통해 지금까지도 하나둘씩 구현되는 중이다.

행복했던 순간을 되새김질하는 습관을 통해 일상 속에서 긍정적인 느낌을 이어갈 수 있다. 물론 잘 보낸 오늘 또한 나중의 행복한 되새김질의 대상이 될 수 있을 것이다.

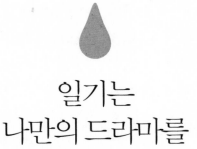

# 일기는
# 나만의 드라마를
# 만드는 대본

생각과 느낌이라는 게 가끔은 '어디로 튈지 알 수 없는 공'일 때가 있다. 마음속에서 안드로메다를 일주했던 그녀의 하루가 그랬다. 출발점은 다른 부서 팀장이 메이저 회사로 자리를 옮긴다는 소식이었다. 일손을 놓고 부러워하는 동료들과 달리, 그녀는 차분하게 자기 일을 했다. 자신과는 상관없는 일이라고 생각했다.

그런데 오전 일과를 마칠 무렵 뜬금없이 불안이 찾아왔다. '어떻게 살지? 나는 이 회사 그만두면 불러주는 데도 없을 것 같은데….결혼이나 해버릴까?' 사귀던 남자와 헤어진 게 벌써 2년 전이다. 하지만 떠밀리듯 결혼하는 건 싫고, 고향에 내려가는 것은 죽기보다 더 싫었다.

점심도 거른 채 회사 옆 공원에서 중학생 애들 졸업 사진 찍는 것을 구경했다. '좋겠다. 너희는 꿈이 있는 나이라서.' 회사 빌딩을 올려다보니 숨이 막힐 것 같았다. 열심히 살아왔는데 손바닥 위에 아무것도 남지 않은 느낌이었다. 우울해졌다.

## 내면의 신호등이 고장나면
## 반드시 멈추어 설 것

───

사실 우리의 생각이나 느낌은 웬만한 문제는 알아서 잘 정리해주는 만능 시스템이지만 고장도 잦은 편이다. 고장이 나면 편향된 정보만을 받아들이고 그와 동류인 것들만 취합해 엉뚱한 경로로 보내준다. 감을 잘못 잡은 것이다. 이런 신호로 인해 괜히 마음고생을 하거나, 잘못 대응하는 통에 곤란을 겪기도 한다.

패닉에 빠진 그녀가 내게 휴대폰 메시지를 보내왔다. '기분 최악인데 기 좀 불어넣어주세요. 멤버들 모아 맥주 한잔할까요?' 다음날 건강검진 예약이 잡혀 있던 나로선 받아들이기 어려운 제안이었다. 대신 전화통화로 무슨 일이 있었는지 이야기를 들어보았다. 그리고 아이디어를 하나 전했다. '싫은 점 다섯 가지 써보기'에서 빌려온 아이디어였다. "지금 드는 생각이나 느낌을 하나하나 종이에 써보는 건 어떨까요."

어쨌거나 쓰다 보면, 부정적인 기분에 끌려들어가던 것을 멈추고 상황을 새로운 관점으로 볼 수 있게 된다. 글 자체가 유용한지 여부와는 별개로, 잘못된 방향으로 어긋난 생각과 나 자신을 분리시킬 수는 있다. 마구 튀어 오르던 막연한 느낌을 글로 붙잡는 것이다.

## 쓰다 보면 정리되고
## 정리되면 달라진다

———

사무실에 돌아온 그녀는 노트를 펴고 우선 숫자만 써보았다. 앞으로 몇 년이나 회사에 다닐 수 있을까? '8년? 최대로 잡으면 15년?' 그리고 예금통장의 잔액과 월세보증금을 썼다. 기분이 더욱 우울해졌다.

글로 생각을 써보는 것은 내 얘기를 말없이 들어주는 사람을 마주하는 것과 비슷하다. 상대에게 도움을 기대할 순 없으나 쓰는 과정을 통해 내 생각을 좀더 명료하게, 그것도 시각적으로 만날 수 있다. 그녀는 숫자들을 보면서 한숨을 지었다. '쥐뿔도 없구나.'

그녀는 언젠가 회사를 그만두면 제주도 올레길 근처에 조그만 카페를 내고 싶다고 친구들에게 이야기하곤 했다. '제주도 카페'라고 썼다. 정보는 인터넷에 널려 있다. 예전에는 제주도 카페 창업기를 보면서 해볼 만하겠다고 생각했었다. 그러나 노트에 직접 글로 써놓고 보니까 느낌이 전혀 달랐다. 말은 뭐든 쉬운 거였다.

오후에는 틈이 날 때마다 제주도 카페 생각에 빠졌다. 아이디어가 떠오를 때마다 노트에 썼다. "친구들이랑 셋이서 공동출자." "바리스타 자격증부터." 조금 더 구체적인 계획을 적고 나니 시원하게 불어오는 바닷바람을 맞으며 카페 앞에 서 있는 듯한 느낌이 들었다. 그리고 올레길 저편 끝에서 두 사람이 말하는 소리가 들려오는 것 같았다. "저기 예쁜 카페가 있네. 커피 한잔하면서 쉬었다 갈까?"

쓰고 상상하는 과정에서 그녀를 낙담케 했던 우울한 기분이 비 온 뒤처럼 개었다. '일단 써보기'는 기분을 바꿔주는 훌륭한 수단이다. 느낌이나 아이디어, 생각의 흐름 등을 종이에 쓰면서 부정적인 생각에서 홀가분하게 벗어날 수 있다. 소망일지언정 그것이 실현된 미래를 상상하며 행복한 느낌을 상세하게 종이에 옮기다 보면, 막연했던 불안을 손에 잡힐 듯한 행복 느낌으로 바꿀 수 있는 것이다.

> 밖에서 벌어지는 일은 언제나 통제할 수 있는 게 아니지만,
> 안에서 벌어지는 일은 언제든 통제할 수 있다. _미상

그녀는 집에 돌아와 노트에 쓴 글들을 천천히 읽어보았다. 직장에 얼마나 더 다닐 수 있을지 생각했을 때에는 암담했고, '결혼이나 해버릴까' 하는 충동에는 슬펐고, 나이만 먹은 사실을 깨달았을 때에는 우울했다. 그러나 여러 느낌들을 노트에 쓰면서 생각을 해보

니, 낙담에 빠져 있는 것보다는 또 다른 가능성을 찾아보는 게 나은 선택이라는 것을 알았다.

쓰는 과정에서 우리는 스스로가 무엇을 알거나 모르는지를 인식하고, 부족한 부분을 채우기 위해 더 많은 정보를 찾아 나서기도 한다. 그래서 쓰기는, 문제의 개선책이나 해결책을 내면에서 모색하는 것이며, '지금 당장 해낼 수 있는 최선'이기도 하다.

그녀는 현실문제로 돌아와, 바리스타 자격증부터 따기로 했다.

## 소소한 매일의 기록에서
## 삶의 중대한 가치를 얻다

———

일기를 쓰면 하루를 보람 있게 마감할 수 있다. 기분 좋았던 일과 내가 잘 해낸 일, 도움을 준 사람 등을 중심으로 매일 쓰는 것이다.

처음에는 써야 할 구체적인 일들이 생각나지 않아 당황스러울 수도 있다. 하지만 꾸준히 몇 줄이라도 쓰다 보면 이 과정을 통해 주변을 관찰하는 감이 길러진다. 내 하루가 어떻게 채워지는지, 사람들과 어떻게 이야기하고 느낌을 공유하는지, 하루를 다양한 각도에서 되돌아볼 수 있게 해준다. 그러는 동안 사람들에 대해 놀라울 정도로 많은 것들을 깨닫게 된다. 머릿속에 담아두었던 생각이나 느낌은 어딘가로 공처럼 튀어나가거나 휘발되는 반면, 적확한 표현을 고민해가며 종이 위에 글로 붙잡아놓은 생각들은 일기장을 잃어버리지 않는 한, 영원히 남는다.

　나는 '10년 일기'를 쓰는데, 과거의 오늘까지 훑어보며 그때에 비해 얼마나 발전했는지 생각해보는 계기로도 삼는다. 지난날들의 일기를 보면, 고단함이 선물해준 성취감과 휴식의 즐거움은 물론, 슬픔을 동반한 괴로움까지 생생하게 떠올리게 된다. 그렇게 내 언어로 내 이야기를 써놓은 일기를 통해 '사는 게 무엇인가'라는 의문에 대한 답을 준비해간다.

　지금 비록 폭풍우 속을 가더라도 언젠가 비는 그칠 것이고, 삶은 내일이 더욱 기대되는 즐거운 드라마가 될 것이라는 기대 말이다.

# 통찰력이
## 감을 만나면
### 최고의 경지에 이른다

한 직장인이 실세 임원을 상사로 맞이했다. 이는 대기업에 다니는 내 친구의 경험담이다. 상사는 오너 3세와의 친분으로 외국계 회사에서 스카우트된 인물이었다. 하루는 그 상사가 친구를 불러 ○○분야 신규사업 검토보고서를 만들어오라고 지시하며, 후배들한테 시키지 말고 보안에 유념하라고까지 했다. 친구는 이상한 느낌이 들었으나 군소리 없이 보고서를 만들었다.

하지만 결과는 '다시!'였다. 보고서에서 주안점을 두었던 부분들이 붉은 사인펜으로 'X 표시'가 된 채로 돌아왔다. 방향이 잘못됐나 싫어 원점으로 돌아가 보고서를 다시 만들었다. 이번에는 상당 부분을 날려놓고 또다시 하라는 요구가 돌아왔다. 자존심이 구겨졌다. 아무래도 업무를 빙자한 '직장 내 괴롭히기' 같았다.

그러나 친구는 그게 아니라는 쪽으로 생각의 방향을 틀었다. 단순한 괴롭히기가 목적이라고 하기에는 군더더기가 없는 실무적 이야기만 오갔다. 원하는 게 사표라면 편하게 목적을 달성할 수단이 얼마든지 있었다. 왜 쓸데없이 보고서를 작성시켜놓고, 성가시게 체크해가며 재작업을 지시하겠는가. 상사에게 말 못할 이유가 있는 게 틀림없었다.

조직에서 벌어지는 일에는 '의도'가 있게 마련이다. 누가(특히 '높은 분') 어떤 의도에서 그 일을 염두에 두고 있으며, 속뜻은 무엇인지, 또한 어떤 결과를 예상하고 있는지 등. 단순 업무라면 굳이 이것저것 따질 필요가 없다. 그러나 어떤 일은 복잡한 사정으로 인해 정보가 제한적이고 일은 더욱 꼬여간다. 그래서 특히 이런 상황에선 감춰진 배경을 아는 게 중요하다. 그걸 알면 일을 거의 다 해낸 것이나 다름없다.

친구는 사내방송의 뉴스목록을 살펴보다가 자신에게 일이 맡겨진 이유와, 상사가 이유를 말해주지 않은 의도를 간파해냈다. 그는 불편한 마음을 누르고 상사를 찾아가 도움을 청하는 식으로 정중하게 말했다. "이 보고서 작성의 목적이 무엇입니까? 그걸 가르쳐주시면 도움이 될 것 같습니다만."

일의 발단을 꿰뚫어 봤기에 상사에게 그렇게 요구할 수 있었다. 정중한 부탁의 말투였지만 정당한 요구이기도 했다. 상사 또한 그의 표정에서 속뜻을 읽어내고는 시계를 보며 말했다. "벌써 시간이 이렇게 됐네. 점심이나 같이 먹으러 갈까?" 오전 11시도 안 된 시각이었다.

## 도쿄대 교수의 지하철역 실험 결과 :
## 통찰력 있는 사람은 먼 개찰구로 간다

—

일본 도쿄대학의 니시나리 가쓰히로 교수가 지하철역에서 간단한 실험을 했다. 그가 계단 쪽에서 개찰구로 향하는데, 바로 뒤에 두 명의 남자가 따라왔다. 세 사람 모두 개찰구를 향해 바쁘게 걸었다. 니시나리 교수가 재빨리 계산을 했다. 가장 앞에서 걷고 있는 자신이 가장 가까운 개찰구로 들어간다면 바로 뒤에서 따라온 사람은 개찰구 뒤에서 기다려야 할 것이다. 그 사이에 동등한 위치가 된 세 번째 사람과 서로 먼저 들어가려다 부딪힐 가능성도 있다.

교수는 일부러 가장 먼 3번 개찰구로 향했다. 그러자 바로 뒤의 사람이 가까운 1번이 아닌 2번 개찰구로 향하는 게 눈에 들어왔다. 마지막 사람이 1번 개찰구를 통과했다. 이렇게 세 사람이 거의 동시에 개찰구를 빠져나옴으로써 실험은 기분 좋게 끝났다.

여기서 자신의 선택이 영향을 미쳐 두 번째 사람 또한 불편을 감수하는 선택을 할 것임을 내다볼 수 있는 안목이 바로 통찰력이다. '나'만이 아니라 '전체'를 살펴보고 선택한 결과, 모두가 만족할 수 있었던 것이다.

## 평범한 것을 비범하게 해내는
## 이성과 감성의 절묘한 조화

———

다시 대기업 친구의 이야기로 돌아가 보자. 보고서의 핵심은 '회장의 고집'과 '사장의 만류'를 실무선에서 얼마나 부드럽게 풀어내느냐 하는 문제였다. 친구가 사내방송 뉴스목록을 통해 최근 몇 달간 회장의 움직임을 분석해보고 내린 잠정 결론과도 일치했다.

회장이 외부 누군가의 얘기에 혹해서 "○○ 분야 사업을 급히 추진해보라"는 지시를 내렸으나, 사장은 그 분야가 머지 않아 레드 오션화될 것이므로 사업성이 없다고 판단했다. 그렇지만 회장이 관심을 보이는 일을 대놓고 "안 된다"고는 할 수 없는 노릇이었다. 결국 애매하게 보고를 해서 '검토가 필요하다'는 식으로 시간을 버는 게 목표라고 했다.

상사는 '성실하게 준비한 티가 역력하나 결론은 유보적인 보고서'를 만들 적임자로 친구를 점찍었지만 비밀까지 미리 알려줄 수는 없었다. 정보를 공유할 수 있을 만한 인물인지부터 알아보기 위해 성가신 테스트가 필요했던 것이다.

평범한 일을 비범한 방식으로 할 수 있을 때

세상의 주목을 받게 된다. _조지 워싱턴 카버

만일 친구가 이를 '부당한 괴롭힘'으로 판단해 감정적으로 대응했더라면 실세 상사에게 단단히 찍혀 짐을 싸들고 나오는 순간까지 힘들게 지낼 뻔했다. 그러나 석연치 않은 감을 잡고, 상사의 태도를 분석한 데 이어 회장의 최근 움직임까지 파악해 전체 흐름을 꿰뚫은 게 상사에게 더할나위없는 만족감을 주었다.

통찰력은 클라우제비츠의 말대로 '한눈에 전부를 파악하는 재능'이다. 전체를 보면서도 동시에 핵심을 짚어내는 것이다. 이는 광속–정보과잉 시대를 살아가는 우리들에게 꼭 필요한 능력이기도 하다.

통찰력을 키우기 위해서는 여러 관점에서 살피는 습관이 필수적이다. 이를테면 동네의 가장 높은 곳에 올라가 전체 그림을 보고 동네로 내려와 걸으면서 또 다른 관점으로 살피는 방식이다. 심리적으로도 낮은 곳에 눈높이를 맞춰야 할 필요가 있다. 니시나리 교수의 실험처럼 불편과 손해를 기꺼이 감수할 때 주변 상황이 더욱 뚜렷하게 보이기 때문이다.

그런데 손해를 감수할 때는 결단과 용기가 필요하다. 이는 감이 아닌 이성의 선택이다. 내키지 않는 선택이라도 이성적 판단의 결과, 그것을 무릅써야 할 때도 있다. 판단이 적절하다면 느낌도 그 영향을 받아 바뀌게 되어 있다. 결국 통찰력은 이성과 감성의 조화를 통해 도달할 수 있는 최고 수준의 감이자 분석력이다.

　최고 수준의 감이자 분석력을 매일 잠깐의 시간 투자로 키울 수 있는 방법이 있다. 하루를 마감하며 '오늘의 카피'를 광고처럼 한 줄의 문장으로 만들어보는 것이다. 한줄 일기를 써도 좋다. 쓰고 고치는 과정을 통해 하루의 특징을 잡아내 압축 표현해내는 감각이 나날이 좋아진다. 세상의 더 많은 것을 보고 더욱 깊이 느끼게 된다.

# 3부

# 막연한
# 감을 넘어

# 탁월한
# 인사이트로

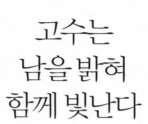

# 고수는
# 남을 밝혀
# 함께 빛난다

지능은 감과 매우 밀접하다. 좌뇌와 우뇌, 양쪽 뇌를 효율적으로 쓰는 수재는 오감이 발달되어 있다. 해서 평범한 지능을 가진 사람들보다 미묘한 느낌의 차이를 훨씬 더 잘 파악하는 경향이 있다. 호기심이 많고 상상력까지 풍부하다면 많은 시간을 들이지 않아도 좋은 성적을 거둔다.

타고난 지능은 따라 해본다고 비슷해질 수 있는 게 아니다. 다만 보통 지능을 타고난 사람에게도 수재에 버금가는 결과를 낼 방법이 있는데, '시간의 힘'을 빌리는 것이다. 엉덩이에 굳은살이 박힐 때까지 않아서 파고드는 집념이 그것이다.

## 고수와 하수의 결정적 차이는
## 실패를 대하는 태도다

———

집념이 시간과 어우러져 빚어낸 결정(結晶)이 '내공'이다. 내공은 오랜 시간에 걸쳐 스스로와 대면한 결과다. 이른바 고독의 힘이다. 스스로를 밑바닥까지 들여다본 사람만이 맞닥뜨린 문제를 해결하기 위해 자신에게서 무엇을 끌어내야 할지 알 수 있다. 따라서 비상 상황에서 부지불식간에 터져 나오는, 단순논리로는 설명하기 어려운 문제해결 능력이 바로 내공이기도 하다. 이처럼 고수와 하수는 내공에서 갈린다.

학교 공부는 수재형에게 확실하게 유리하다. 개념을 정확히 인지하고 있는 데다, 실수가 적으니 효율성에서부터 차이가 난다. 그러나 학교를 졸업한 뒤에야 비로소 시작되는 인생 공부에서는 수재형이 반드시 유리한 것은 아니다.

인생 공부는 학교에서처럼 정해진 패턴이 반복되지 않으며 문제마다 정확한 답이 있지 않다. 어제의 답과 오늘의 답이 다르다. 출제자(고객이나 상사)는 걸핏하면 변덕을 부린다. 감을 한번 잡았다고 그게 다시 먹힌다는 보장도 없다. 어떤 때는 뭘 해도 딱딱 들어맞지만 어떤 때는 어떻게 해봐도 답이 없을 때가 있다. 이렇게 혼란스러울 때, 오랜 시간에 걸쳐 닦은 내공이 중심을 잡아준다.

성공의 공식을 알고 싶은가요? 알고 보면 꽤 간단합니다.
실패를 두 배로 늘리세요. 실패가 성공의 반대라고 생각하겠지만,
사실은 전혀 그렇지 않습니다. 실패로 인해 낙담할 수도 있지만,
많은 것을 배울 수도 있습니다. 그러니 어서 실패를 하세요.
되도록 많이 하세요. 그리고 이 사실을 기억하세요. 실패하는 가운데
성공의 길을 찾을 수 있다는 것을. _IBM 설립자, 토마스 J. 왓슨

　과정을 역으로 추적해보면, 모든 성취에는 '결정의 타이밍'이 있
게 마련이다. 그런데 사람들은 그 타이밍을 어떻게 알아차릴 수 있
었을까? 사실은 타이밍을 알려준 알람이 있었고, 알람을 작동시켜
주는 태엽장치도 있었다. 그 태엽장치 역할을 해준 게 바로 실패다.
'실패'라는 말만 들어도 짜증이 확 밀려오지만, 잠깐 마음을 추스르
고 생각해보면 지금의 우리를 만들어놓은 공헌 가운데 최소한 절반
이상이 실패의 몫이다.
　자전거를 배우려고 얼마나 많이 넘어졌던가. 학교에서 잡쳐버린
시험은 얼마나 많았던가. 입사 면접까지 가보지도 못한 지원은 대
체 몇 번인가. 입사한 후에도 마찬가지다. 헤아릴 수 없이 많은 아이
디어가 문서세단기로 직행했다. 상사에게 들은 핀잔, 고객에게 당
한 거절은 지금까지 먹은 밥그릇 수에 육박할지도 모른다.

이런 실패가 인내심을 길러주었다. 손에 넣고 싶은 것이 생기면 더욱 주도면밀한 준비를 해야 함을 가르쳐주었다. 또한 끈기를 갖게 해주었다. 실패할 경우 다른 방법으로 시도해보는 의욕을 길러주었다. 결정적으로, 실패는 '반성'의 돋보기를 통해 더 큰 안목을 깨쳐주었다. 누구나 눈앞에 닥쳐온 실패는 반갑지 않다. 그러나 고수의 세계에서는 실패를 실패로만 치부하지 않고 또 하나의 배움의 기회로 재정의한다.

결국, 숱한 실패가 우리의 감각을 단련시켜 목표와 대상에 고도로 집중하게 해주었기에 성취할 수 있었던 것이다. 이런 관점에서 지난 실패는 '내공'이라는 성벽을 이루는 하나하나의 벽돌이기도 하다.

## 힘을 뺄 수 있어야
## 힘을 가질 수 있다

좋은 성적을 올리는 학생은 자기 학습량에 쉽게 만족하지 못한다. 알면 알수록 새로운 개념과 예상치 못했던 연관관계가 자꾸 등장하기 때문에 오히려 자신감이 흔들릴 때가 많다. 오히려 어중간한 성적대의 학생이 자기 실력을 과신하곤 한다.

무슨 운동이든 경지에 이르려면 힘을 빼는 게 관건이지만, 하수는 아무리 지적을 받아도 그 요체를 깨닫지 못한다. 내가 그렇다. 수

영장 코치는 힘을 빼라는데 그게 어떻게 하는 건지 나로선 도무지 감이 오지 않는다. 힘이 들어가니 금방 지치고 팔, 다리, 허리 아프지 않은 곳이 없다. 힘 들어서 힘을 못 빼겠다. 반면 고수들은 부드럽게 팔과 다리를 젓는다. 그런데도 무척 빠르다.

세상살이도 수영의 고수들처럼 힘을 빼야 가볍고 빠르다. 고수의 내공에는 힘이 실리지 않는다. 내공은 내면의 종합선물세트에 견줄 수 있다. 그것은 노력을 통해 터득한 지식과 논리, 판단력과 열린 감각, 상상력까지 결합된 성숙한 정신이자 현명함이다. 이런 현명함은 생텍쥐페리의 말을 빌리자면 "마음으로 볼 수 있게 해주며, 감정과 느낌을 활용해 우리가 건설적인 삶을 열어가도록" 도와준다.

힘을 뺀 고수는 남의 위에 서려고 하지 않는다. 자신이 밝힌 빛으로 상대를 비추어 그가 빛나도록 해주는 게 고수의 내공이다. 여러 사람을 밝혀줄수록 빛 무리가 커진다. 하수는 남의 빛을 참지 못하고, 중수는 혼자만 빛나려 하며, 고수는 남을 밝혀 함께 빛난다.

# 강한 사람 위에
# 좋은 사람 있다

:

    회사에서 오래 살아남는 이를 보면, 대개는 회사의 사소한 지침 하나도 놓치지 않으며, 맡은 일에서 기대만큼의 성과를 꾸준하게 내는 사람이다. 그러나 강해 보이지는 않는다. 오히려 강해 보이는 쪽은, 실적을 위해 전력투구하는 사람이다.

    높은 실적을 올리는 게 회사의 인정을 받는 중요 포인트이기는 하지만 그보다 중요한 것은 '꾸준하게' 좋은 실적을 이어가는 것이다. 큰 기대를 심어주면 커다란 실망으로 돌아올 가능성이 높다. 기준점이 달라지기 때문이다. 작년의 실적왕이 올해에는 중간도 안

되는 실적을 거뒀다면, 작년 말에 받았던 찬사와 기대가 곧장 실망, 심지어는 비난으로 바뀌기 십상이다.

그러니 작년에 이어 올해에도 잘하고, 내년에도 같은 흐름을 이어갈 것이라는 예측 가능성이 한방의 실적보다 중요할 수밖에 없다. 예측 가능성은 신뢰와도 일맥상통한다. 감이 좋은 직장인들은 내년과 내후년까지 고려하는 장기적인 포석으로 일을 한다.

그렇다면 꾸준함이 왜 이렇게 중요한 것일까? 회사는 루틴함을 우리가 생각하는 것보다 훨씬 중시하는 조직이다. 때문에 작은 일이라도 꼼꼼하게 수행하는 사람은 신뢰하지만, 한방을 노리는 사람은 예측 가능성이 떨어지므로 정작 큰 프로젝트를 맡기기는 어렵다. 높은 지위에 오른 이들은 '사람 보는 감'이 뛰어나기에 그 자리에 있는 것이다.

## 유연함보다
## 강한 것은 없다

———

직장에서는 갈대 같은 사람이 오래 살아남는다. 갈대는 약해 보이지만 절대로 약하지 않다. '인간은 생각하는 갈대'라는 말을 남긴 파스칼이 갈대를 약한 존재로 여겼던 이유는 바람이 불면 흔들리고 휘청대기 때문이었다. 그런데 파스칼이 생태환경을 제대로 관찰했더라면 갈대가 물가에서 자라는 식물 중 경쟁력이 가장 강하다는 점을 알았을 것이다.

물가에 숲이 생기지 않는 이유는 강한 물살과 바람이 생육을 방해하기 때문이다. 나무는 그것을 견디지 못하지만, 갈대는 견뎌낸다. 갈대의 줄기 안은 비어 있어서 자유자재로 휘어지며 바람에 저항력을 가질 수 있다. 줄기 곳곳에 마디를 맺는 방식으로 자라면서, 꺾이지 않도록 스스로를 보호한다.

> 상대방이 모르는 것이라면 아는 것을 내색하지 마라.
> 상대방보다 현명해지도록 노력하라. 그러나 자기의 현명함을
> 상대방이 눈치 채도록 해서는 안 된다. _로드 체스터필드

회사에서 장기간에 걸쳐 바람을 맞아온 사람들도 그렇다. 꾸준함으로 실적이라는 압박을 견디고, 고집스럽게 힘을 겨루기보다는 부드럽게 휘어 비켜나간다. 마디를 맺을 때에는 잠시 성장을 멈추고 뒤를 돌아보는 지혜를 발휘한다. 그런 세월을 견뎌냄으로써 '강한 자'보다 위대한 '살아남은 자'가 되는 것이다.

이러한 갈대의 유연성에서 우리는 많은 지혜를 배울 수 있다. 우리는 새로운 정보를 맞이할 때마다 '감'이라는 필터로 걸러내 통과하는 것만을 받아들인다. 그런데 필터가 맹목적이거나 특정한 확신으로 가득 차 있다면 중요한 정보를 간과할 수 있다. 따라서 두 번 다시 찾아오지 않을 기회를 무용지물로 만들 수도 있다.

반대로, 갈대처럼 속을 비우고 생각과 느낌을 유연하게 가진다면 낯선 지혜를 훨씬 편하게 받아들일 수 있다. 감이 떨어지는 사람은 대개 유연하지 못하고 고집스럽다. 그리고 고집은 자기과시욕과 한 묶음일 때가 많다.

고집과 과시는 자신의 부족함이나 열등한 점을 감추려고 강한 척 하는 과정에서 불거져 나오는 특성이기도 하다. 아이러니하게도 내 적 동기, 즉 인정과 사랑을 받으려는 동기에 역행하는 행동을 자꾸 하게 만든다. 오스트리아의 작가 알렉산더 홀레니아가 지적한 것처 럼 남에게 "미움을 받을 수 있는 가장 확실한 방법"이 고집과 과시다.

유연성을 발휘하는 것으로 감의 안테나가 높이 세워진다. 유연성 은 고집 부리거나 과시하는 태도를 버리고 '나 또한 부족함이 많음' 을 인정하는 것에서 시작된다. 동료들에게서 솔직한 사람으로 인정 받게 되면, 바람이 불어올 때마다 리듬에 맞춰 눕는 자신이 비루하 기는커녕 꽤 쓸 만하게 느껴진다.

또한 유연성은 조직 생활에서 가장 중요한 재능으로 평가되는 협 동심의 바탕이 된다. 개방적인 협동심이 감의 안테나를 더욱 고감 도로 만들어준다. 감도가 높아질수록 주변 사람들을 이해하고 소통 하려는 협동심이 제대로 발휘된다. 그러면 갈대처럼 군락을 이뤄 비바람을 견디며 터전을 꿋꿋하게 지켜낼 수 있다. 회사가 오랫동 안 함께하고 싶은 인재는 바로 이런 사람들이다.

## 약함을 알기에 뭉치고
## 그래서 강해진다

———

위대한 족적을 남긴 인물이라도 그의 삶을 미시적으로 들여다보면 약한 갈대에 지나지 않는다. 처칠은 전설적인 인물이 된 이후에도 줄곧 우울해했고 스스로를 실패자라고 생각했다. 주치의에게 "세상을 끝내고 싶지 않은데, 절망적인 생각들이 자꾸 머릿속에 들어찬다"고 자주 호소했다. 딸에게는 이런 말도 했다. "나는 많은 것을 이루었지만 결국 아무것도 이루지 못했구나." 처칠은 갈대처럼 흔들렸으나 어느 것에도 항복한 적은 없다. 그는 삶의 마지막 순간까지 버텨냈다.

다른 위대한 리더들도 처칠과 다르지 않다. 밖에선 세상을 호령하면서도 서재와 침실에서는 평생에 걸쳐 불안과 우울에 시달린 이가 많다. 그 양면성이 이들의 내면을 벼려낸 결과가 '남다른 감각'일 것이다.

어쩌면 강인한 영혼의 소유자들은, 자신이 약함을 알기 때문에 더욱더 감을 갈고닦을 수밖에 없었는지도 모른다. 따지고 보면 우리의 아주 먼 조상들부터가 그렇다. 스스로가 약자임을 인식했기에 뭉치고 소통함으로써 살아남고 자연을 개척하며 번성할 수 있었다. 그 후예인 우리도 섬세한 감을 갈고닦아 소통함으로써 냉혹한 경쟁 사회에서 살아남는다.

통하는 사람은 서로에게 의지가 된다. 상대의 마음을 읽는 것과 쌍을 이루는 게 '내 마음 읽게 해주기'다. 읽고 읽히는 과정을 밟아가며 우리는 서로에 대한 감을 키워간다. 다른 사람을 내게 끌어들이는 가장 강력한 힘은 '그냥 좋아서 끌리는 힘' 즉 호감이다. 직장에서 오래 살아남은 이들 가운데 똑똑한 사람보다 호감형의 괜찮은 사람이 자주 눈에 들어오는 것은 바로 이 때문이다.

# 느낌,
# 그 안에 깃든
# 신의 목소리를 들어라

건축가 J씨는 나흘간 도합 다섯 시간도 자지 못했다. 작업은 이미 마무리 단계였지만 설계에 추가로 반영할 최종 아이디어를 비몽사몽간에라도 만나고 싶었다. 짓밟힌 자존심을 만회하려면 상대가 꼼짝 못할 만한 결과물을 내놓아야만 했다. 하지만 그가 입면도를 보여주자마자 불만이 터져 나왔다. "이게 뭐야? 무슨 건물이 이렇게 생겼어?"

면적을 최대화해달라기에 그리 해줬더니, 부채꼴의 건물은 흉하다는 거였다. 땅 모양이 부채 형태인지라 면적을 최대화하려면 부채끌일 수밖에 없었다. 게다가 얼마 전까지는 '뻔한 직사각형 말고 개성 있는 스타일로 뽑아달라'는 게 가장 중요한 요구사항이었다.

건축가에게는 건축주의 생각이 건축물의 방향이고 재료다. 그런데 일을 맡은 지 한 달 만에 처음 만난 건축주는 말이 없었고, 오히려 옆에 앉은 '훈수꾼'이 혼자 떠들고 있었다. 일감을 소개해준 것까지는 좋았는데 건축주 대리인 행세를 하며 '심심풀이성 갑(甲)질'을 하는 것은 참기 힘들었다.

훈수꾼은 디벨로퍼(Developer ; 부동산을 새로운 용도로 개발하는 업자) 출신으로 소장의 선배라고 했다. 선배 티를 내려는 것인지, 담당인 J씨를 건너뛰고 소장에게 따지기 일쑤였다. "최 소장, 이것 좀 봐. 이렇게 해놓으면 계단실이 어두워서 쓸모가 없잖아."

소장이 난처한 얼굴로 훈수꾼과 건축주를 번갈아 쳐다보며 대꾸를 하려는데, 입면도만 유심히 보고 있던 건축주가 손가락으로 도면을 가리키며 입을 열었다. "이쪽 방향에 호수가 있잖아요? 호수가 잘 보이게 지었으면 좋겠네요." J씨에게는 그 한마디가 구원의 종소리처럼 들렸다. "호수가 잘 보이게 지었으면…" 종소리의 여운이 이어졌다. 호수가 잘 보여야 한다. 그는 자기도 모르게 벌떡 일어났다. 다시 종소리가 들려왔다. 이번에는 그의 마음속에서 울린 것이었다. '방향이다.'

커다란 스케치북을 들고 와 펜으로 정신없이 그리기 시작했다. 그의 손이 종이 위를 지날 때마다 하얀 공백 위에 선이 그려졌다.

"이게 뭐야?" 소장이 물었지만 대답할 여유가 없었다. 입을 열었다가는 느낌이 날아가버릴 것 같았다.

재즈 연주자 존 콜트레인은 항상 이렇게 말했다. "모두 거기 있어. 그냥 붙잡기만 하면 된다고." 재즈를 하는 사람들은 이런 식으로 느낀다. 즉흥으로 연주를 하면서 음악에 놀라울 정도의 에너지를 불어넣는다. 이런 에너지는 첫눈에 반해 반 이상 넘어간 사랑과도 같다.

### 창조를 향한 외로운 여정의
### 최종 목적지는 자신의 내면
———

몰입의 끝자락에서 얻게 되는 빛나는 결정체를 흔히 영감이라 부른다. 인도의 영적 스승인 파탄잘리는 "영감을 만날 때 비로소 생각의 속박을 끊을 수 있다"고 했다. 그리하여 정신은 한계를 초월해 드넓게 확장되며, 나아가 현재의 모습보다 새롭고 위대한 존재로 도약할 수 있는 발판이 만들어진다고 했다.

건축주가 그림을 보며 말했다. "두 개의 건물을 비딱하게 짓는 구조군요." 건축주는 예상 외로 안목이 트인 사람이었다. J씨가 대답했다. "그렇습니다. 바깥쪽으로 45도씩 틀면, 3층 이상 높이에선 왼쪽으로 호수를 볼 수 있고 오른쪽으로는 석양의 빛을 받을 수 있습니다. 얼핏 보면 두 개의 건물 같지만 뒤쪽은 붙어 있으니까 불편은 적지요."

　그 이후로는 훈수꾼이 끼어들 틈도 없이 이야기가 한달음에 달려 나갔다. 2층까지는 외부에 계단을 설치해 개방감을 강조하기로 했다. 하이브리드Hybrid공법을 적용하고 1층에는 노출 콘크리트 공법을 쓰기로 했다. 무에서 유가 만들어지기까지 20분밖에 걸리지 않았다. 적어도 평범한 사람들이 보기에는 그럴 수 있다.

　하지만 J씨가 훈수꾼에게 작업을 의뢰받은 순간부터 창조를 향한 건축가의 여정은 이미 시작된 것이었다. 참고 자료를 찾아보는 모색과, 회의에서 밀려난 숱한 시안, 훈수꾼에게 보여줬다가 모욕을 당했던 콘셉트, 건축가로서의 자부심을 지켜내기 위해 밤을 새가며 매달린 작업까지 그 모든 여정이 곧 창조를 품어내는 시간이었다. 그에게는 자신을 에워싼 그 모든 느낌들이 하나의 목적으로 응축되는 과정이 필요했던 것이다. 그 집요하고도 외로운 여정의 목적은 바로 '신의 목소리'를 듣는 것이었다.

　신의 목소리를 들을 수 있는 행운은 그리 쉽게 오지 않는다. 때로는 인내의 바닥에 이를 때까지 참아야 하는 상황도 있고, 때로는 자신을 까치발조차 디딜 곳 없는 한계상황으로 몰아붙여야 하는 순간도 있다. '더 이상 무엇을 더 해볼 수 있을까' 싶을 만큼 스스로를 소진시켰을 때 불현듯 들려오는 소리가 있다. 그 소리를 향해 내면의 청각이 열릴 때 여정은 비로소 완성된다. 그 지점에 이르러서야 우리는 알게 된다. 영감을 얻는 과정이란 곧 자신의 내면을 통찰하는 행위와 다르지 않다는 것을. 이처럼 창조의 영감을 만나는 것은 비록 힘들어 보이지만 한편으로는 내 마음속 신의 목소리를 찾아가는 행복한 여정이기도 하다.

## 보이지 않는 세계에서
## 날아오는 선명한 신호

———

"느낌을 소중히 하라. 느낌은 신의 목소리다." 이건희 삼성 회장의 말처럼 우리는 이따금 삶을 송두리째 바꿀 수도 있는 계기와 마주치곤 한다.

선택은 우리들 자신에게 달려 있다. 어떤 이는 느낌에 주파수를 맞춰 온전히 따르고, 어떤 이는 무시했다가 기회를 놓치거나 곤경에 처한다. 도전 경험이 일천한 사람이 대체로 느낌 신호를 무시하는 경향이 있다.

그렇다고 느낌을 무조건 따라야 하는 것은 아니다. 고양이가 좁은 구멍을 빠르게 빠져나가는 것은 수염이라는 감각기관을 맹신해서가 아니다. 그보다는 일상에서 부단하게 행동으로 옮겨본 결과라고 할 수 있다. 수염이 감지하는 대로 따르면 다치지 않고 통과할 수 있음을 다년간의 경험을 통해 알기 때문이다.

그런데 어떤 느낌은 애초부터 우리의 이성과 논리로 입증할 수 있는 범주의 바깥에서 오는 경우도 있다. J씨가 훈수꾼을 처음 만나

모멸감을 느꼈던 날에는 예전에 어머니가 버릇처럼 중얼거리던 말이 생각났다. "간밤에 꿈자리가 사납더구나. 오늘은 밖에 나가지 마라." 돌이켜보면 그런 날은 실제로 안 좋은 일이 있었던 것 같기도 했다.

우연이란, 신이 자기 신분을 숨기고
우리에게 말을 걸어오는 것이다. _알버트 슈바이처

　개운치 않은 느낌이나 설명할 수 없는 꿈자리 같은 것들은 이성과 논리가 아닌 '보이지 않는 세계'의 요소들이다. 감이 좋은 사람들은, 그곳에서 지금 내게 필요한 신호들이 우연이라는 형태로 시시각각 날아오고 있다는 사실을 부인하지 않는다.
　신의 목소리는 내 주변 누군가의 관심과 애정을 타고 전해져오기도 한다. 인생의 고비마다 나침반이 되어주는 가족이나 친구가 그렇다. 눈을 마주치고 귀를 기울임으로써 그들의 느낌과 제대로 통할 수 있다.

# 내면의 위대함을 일깨우는
# 세 가지 보물

．

2500여 년 전에 노자는 '세 가지 보물'을 통해 우리 내면의 위대함과 소통하는 방법을 일깨워주었다.

첫 번째 보물은 자애로움이다. 자애로운 사람은 진실을 마주하는 용기를 발휘할 줄 안다. 사람들의 다른 점을 인정하고 받아들이기에, 실수했을 때는 스스로 인정하고 깨끗하게 물러난다. 그럼으로써 진실을 알아본다. 통념이나 체면에 얽매이지 않는 자유로운 마음과 사고방식이 남다른 감은 물론 본질을 꿰뚫어보는 통찰력을 키워주는 것이다.

두 번째는 소박함이다. 마음가짐을 소박하게 함으로써 안목을 넓힐 수 있다. 소박한 마음이 감각의 문을 열어 수용 능력을 최대한으로 넓혀준다. 중요한 것은 얼마나 많이 보고, 듣고, 읽고, 생각하느냐 하는 점이다. 그것들이 내 정서의 뼈대와 근육을 만들어준다.

좋은 생각은 안으로 자라는 성향이 있어서 더 많이 대화하고 생각할수록 나의 내면 또한 깊어진다. 깊은 생각이 안테나를 통해 더 많은 것들을 빨대처럼 빨아들이는 것도 사실이다. 감이 없는 사람이 대개는 보란 듯이 악착스럽게 또는 화려하게 살아간다. 감이 떨어지면 우연과 인연, 행운과 불행을 분간할 수 없고, 당연히 스스로가 불러들인 것이 무엇인지도 알지 못한다.

세 번째는 겸허함이다. 겸허함을 통해 멀리 내다보고 앞서갈 수 있다. "겸허한데 어떻게 앞설 수 있느냐"고 의문을 품을 수도 있지만, 겸허한 사람의 직감 센서는 보통 사람보다 훨씬 예민하다. 스스로를 과대평가하지 않기에 센서의 감도가 높은 것이다. 겸허한 사람은 멀리 내다보고, 다가오는 이를 유심히 살핀다. 그러니 오만한 사람들에 비해 세렌디피티(우연에 의한 행운이나 아이디어)를 먼저 발견할 가능성이 높다. 가까이 다가온 세렌디피티를 알아보고 문을 열어주는 것도 탁월한 감의 발로다.

겸허한 사람은 때로는 용기를 발휘해 불확실성의 한가운데로 성큼성큼 걸어 들어간다. 그럼으로써 불확실성을 우연으로, 우연을 인연으로 만든다.

# 감感이 온다

초판 1쇄 인쇄 2015년 12월 30일  초판 1쇄 발행 2016년 1월 10일

지은이 한상복  펴낸이 연준혁
기획 스토리로직

멀티콘텐츠사업분사 분사장 정은선
출판기획 오유미 배윤영  콘텐츠비즈니스 이화진
디지털콘텐츠 전효원 홍지현  이러닝기획 김수명 송미진
디자인 이세호

펴낸곳 (주)위즈덤하우스  출판등록 2000년 5월 23일 제13-1071호
주소 (410-380) 경기도 고양시 일산동구 정발산로 43-20 센트럴프라자 6층
전화 031)936-4000  팩스 031)936-3891  홈페이지 www.wisdomhouse.co.kr

값 12,800원  ISBN 978-89-6086-891-5 03320